江戸時代 ③ 大百科

江戸時代の交通

監修：小酒井大悟 東京都江戸東京博物館 学芸員

ポプラ社

③ 江戸時代大百科

江戸時代の交通

もくじ

第3章◆水上交通のようす —江戸時代の水上の物流—

出典

この本の使い方

『江戸時代大百科』は、江戸時代について知りたいテーマごとに調べることができるシリーズです。3巻では、江戸時代の交通はどんなようすだったか、また、それが当時の経済とどのようにかかわっていたかなどを紹介しています。

● 本文中に「➡○ページ」や「➡○巻」とある場合、関連する内容が別のページや他の巻にあることを示しています。

● 本書では、年を西暦で記しています。明治5年までは、日本暦と西暦とは1か月ていどの違いがありますが、年月日はすべて日本暦をもとにし、西暦に換算していません。元号を表記する必要があるときには、「寛永年間（1624〜1645年）」のように西暦をあわせて示しています。

● この本では江戸時代について、おもに17世紀ごろを前期、18世紀ごろを中期、19世紀ごろを後期、とくに1853年ごろからを末期としてあらわしています。

絵画や写真

当時のようすをあらわす絵画や、現在に残る史跡の写真などを掲載しています。

● 出典は

歌川広重 画「東海道五拾三次之内 平塚
①　　　　　　　　②
縄手道」メトロポリタン美術館 蔵
　　　　　　　③

①作者名　②作品名　③所蔵元のように示しています。

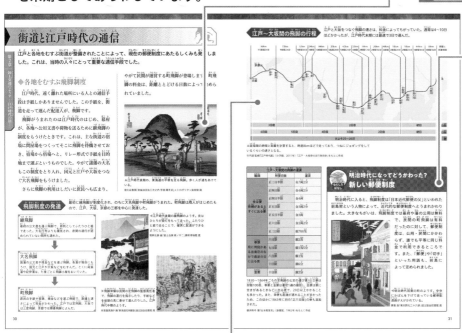

ものしりコラム

本編の内容にかかわる、読むとちょっとものしりになれるコラムを掲載しています。

● 人物
江戸時代に活躍した人物について紹介しています。

● もの
江戸時代に生まれたり、かかわりがあったりするものについて紹介しています。

● こと
江戸時代におこったできごとや事件について紹介しています。

データや図表

● グラフや表では、内訳をすべてたし合わせた値が合計の値にならなかったり、パーセンテージの合計が100%にならない場合があります。これは数値を四捨五入したことによる誤差です。

● 出典は

竹内誠 監修『江戸時代館』（小学館、2011年）
①　　　　　②　　　　　　③　　　　④
「江戸・大坂便の走行時刻表」をもとに作成
⑤

①著者・監修者名　②書籍などのタイトル　③出版社
④出版年　⑤グラフや図表のタイトル
のように示しています。

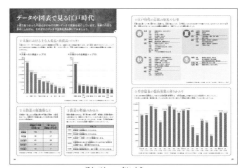

● 44〜45ページには、本編の内容にかかわるデータや図表を掲載する「データや図表で見る江戸時代」をもうけています。
本文中に「➡P.44②五街道の旅籠数など」とある場合、44ページの②に関係のあるデータや図表が掲載されています。

4

はじめに

　このシリーズでとりあげる「江戸時代」とは、江戸に全国を治める幕府があった時代のことをいいます。関ヶ原の戦いに勝利した家康が将軍となり、江戸に幕府を開いたのが1603年。ここから最後の将軍・徳川慶喜が1867年に政権を返上するまでの265年間が江戸時代です。

　それでは、江戸時代とはいったいどのような時代だったのでしょうか。もっとも大きな特徴は、平和な時代であったということです。1614〜1615年の大坂の陣や1637年の島原の乱などをのぞけば、大きな戦乱がおこることなく、幕府の支配が長く続きました。これは世界の歴史のなかでも、たいへんまれなことでした。

　こうした平和のもとで、江戸時代には経済が大きく発展し、ゆたかな文化が育まれていきました。今日のわたしたちが伝統的なものとしてとらえている産業や文化、ものの考え方や生活習慣のなかには、江戸時代にはじまったものが少なくありません。江戸時代は、わたしたちのくらしや社会の基礎になっているわけです。一方で現代には引き継がれなかったことがらも、いくつもあります。

　このような江戸時代は、近すぎず、そうかといって遠すぎない過去であり、現代といろいろな面をくらべることができる、よい鏡といえます。江戸時代をふり返り、学ぶことは、現代のわたしたちのくらしや社会を知ることにつながりますし、よりよい未来を考え、創っていくうえで、活かせることや手がかりになることも見つけられるはずです。

　このシリーズでは、江戸時代について幕府のしくみ、江戸の町、交通、産業、外交と貿易、文化といったテーマをあつかっています。3巻では、交通を主なテーマとして取り上げ、その発達が各地の都市の発展や当時の経済とどのようにむすびついていたかをみていきます。

　このシリーズが、江戸時代のことに興味をもち、くわしく知ろうとするみなさんの、よい手引きとなれば幸いです。

日本史年表

縄文時代
約1万2000年前〜
約2500年以前

弥生時代
約2500年以前〜
約1700年前

古墳時代・飛鳥時代
約1700年前〜710年

奈良時代
710年〜794年

平安時代
794年〜1185年

鎌倉時代
1185年〜1333年

室町時代
1338年〜1573年

戦国時代
1467〜1573年

安土桃山時代
1573年〜1603年

江戸時代
1603年〜1867年＊

明治時代
1868年〜1912年

大正時代1912年〜
1926年

昭和時代
1926年〜1989年

平成時代
1989年〜2019年

令和
2019年〜

＊江戸時代を1868年までとしている年表もあります。

第1章 交通の発達と都市の発展

▶ 陸上交通の整備

江戸時代初期、江戸幕府は江戸と各地をむすぶ街道の整備を進めました。街道はどことどこをつなぎ、どのような人や物が行き来したのでしょうか。

◆幕府が整備した五街道

江戸幕府が整備し発達させた陸上の交通網のなかで、とくに重要だったのが、東海道、中山道、奥州道中、日光道中、甲州道中という「五街道」です。この5つの道は、いずれも江戸の日本橋をはじまりとして本州の各地にのび、江戸時代を通じて、多くの人やものが行き来するルートとなりました。

また五街道のほかにも、各地で脇街道とよばれる、その地方の幹線道路の整備がおこなわれました。これによって、陸上の交通網はしだいに全国へと広がっていきました。

江戸時代、こうした主要な道のとちゅうには、ところどころに関所や宿場がもうけられていました。関所は、そこを通る人や荷物を検査する施設で、全国に50か所あまりありました。一方の宿場は、その道を通って長い旅をする人々のための宿泊施設がならぶ場所で、それらを中心とする宿場町も形づくられていました。

江戸時代の陸上交通網

江戸を起点とする五街道と、それらのとちゅうや終点からさらにのびていく脇街道によって、日本の広い範囲がむすばれていた。

▲東海道の終点である京都の三条大橋の、19世紀ごろのようす。江戸の日本橋から約500キロメートルの道のりがある。

歌川広重 画「東海道五拾三次之内 大尾 京師・三條大橋」国立国会図書館 蔵

◀明治時代なかばにえがかれた江戸時代後期の参勤交代のようす。長州藩（山口県）の大名行列で、東海道の江戸・高輪付近を歩いている。参勤交代の行列などが通るときには一般の人より優先された。

楊洲周延 画「故東の花第四篇 旧諸侯参勤御入府之図」国立国会図書館 蔵

街道の施設

主な街道には、街道を通る人のための、さまざまな施設がととのえられた。こうした施設によって、旅をする人々が危険な目にあわず、安全に行き来することができるようになった。

旅をしやすくする

並木

▲雨風や雪をやわらげ、強い日射しをさえぎるために街道の両脇に松や杉、榎などが植えられた。箱根旧街道には現在も杉並木がのこる。

石畳

▲旅人が歩きやすいように敷かれた。箱根旧街道には、江戸時代に整備された石畳が現在ものこる。

旅人の目印となる

一里塚

▶江戸の日本橋を起点として1里（約4キロメートル）ごとに、目印として、土を盛ってつくられた。塚の上には榎や松が植えられた。

道標

◀道案内のため、進む方向や距離などを石や木などにしるした表示物。道標の多くは地元の人がおいていた。「みちしるべ」とも読む。

地図の見方

──	五街道	─	脇街道
❶	東海道	Ⓐ	水戸街道
❷	中山道	Ⓑ	北国街道
❸	奥州道中	Ⓒ	北国路
❹	日光道中	Ⓓ	伊勢街道
❺	甲州道中	Ⓔ	山陰道
		Ⓕ	中国街道
		Ⓖ	長崎街道

詳説日本史図録編集委員会 編『山川 詳説日本史図録（第7版）』（山川出版社、2017年）「水上交通」をもとに作成

五街道の宿場数

五街道のなかで、もっとも宿場数が多いのは中山道。反対に、もっとも宿場数が少ない奥州道中だった。

五街道	宿場の数
東海道	53
中山道	67
奥州道中	10
日光道中	21
甲州道中	45

歌川広重 画「東海道五拾三次之内 草津・名物立場」国立国会図書館 蔵

▶東海道と中山道が合流する草津宿。重要な交通の要衝で、絵の右側には琵琶湖の矢橋につづくことをしめす道標が見える。

水上交通の整備

江戸時代には、陸上の交通網だけでなく、海や川といった水上の交通網も整備され、人々の生活にとって大きな役割をはたすようになりました。

◆各地をむすぶ航路

経済が発展し、さまざまなものが各地で取り引きされるようになると、航路や港も整備されていきました。そのきっかけは17世紀後半、東北地方の幕領の年貢米輸送を幕府から命じられた江戸の豪商、河村瑞賢が航路を整備したことです。
→P.34

人や牛などが歩いて荷物を運ぶよりも、船のほうが一度に多くの荷物を運ぶことができ、便利です。そのため、船は江戸時代の物流の主役となっていきました。

当時利用されたおもな航路としては、出羽国（現在の秋田県と山形県）を起点として太平洋を南下して江戸まで運ぶ東まわり航路、日本海を南下して下関から大坂に至る西まわり航路、大坂と江戸をむすぶ南海路などがあげられます。

このほかにも内陸の川や湖の水運も整備され、人やものの移動が活発におこなわれるようになりました。

江戸時代の海上交通網

海上交通網がととのえられたことで、東北地方の幕府直轄地から年貢米を早く輸送することができるようになるなどの変化がおこり、物流と経済の発展につながった。西まわり航路では北前船、南海路では菱垣廻船や樽廻船といった船が運航された。

◀長門国（現在の山口県）の下関に停泊する樽廻船。下関は西まわり航路の中継地としてにぎわった。

歌川広重 画「六十余州名所図会 長門 下の関」国立国会図書館 蔵

◀各地の港に建てられた灯台である高灯籠。夜になると火がともされ、航行の目印となった。写真は1802年に建てられた福井県の洲崎の高灯籠。

福井県観光連盟 蔵

地図の見方

― 東まわり航路　　― 南海路
― 西まわり航路　　― その他の航路

詳説日本史図録編集委員会 編『山川 詳説日本史図録（第7版）』（山川出版社、2017年）「水上交通」をもとに作成

浜田　益田　津和野
赤間関　小都
平戸　小倉
佐賀
佐賀関
長崎
京泊
坊津　山川

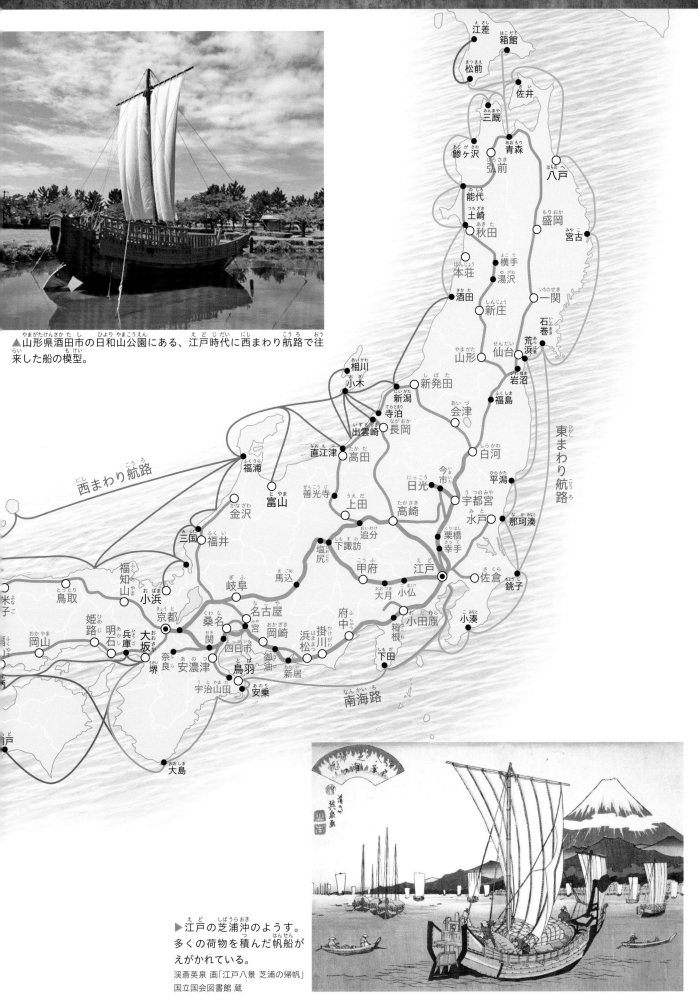

▲山形県酒田市の日和山公園にある、江戸時代に西まわり航路で往来した船の模型。

江差
箱館
松前
佐井
三厩
鯵ヶ沢　青森
弘前　八戸
能代
土崎　盛岡
秋田　宮古
横手
本荘　湯沢
一関
酒田　新庄　石巻
荒浜
山形　仙台
相川　岩沼
小木　新発田
新潟　福島
寺泊　会津
出雲崎　長岡
直江津　高田　白河
善光寺　平潟
西まわり航路　富山　上田　日光
金沢　追分　高崎　今市　宇都宮
三国　福井　下諏訪　甲府　水戸　那珂湊
塩尻　栗橋　幸手
福知山　岐阜　馬込　大月　江戸
鳥取　小浜　桑名　小仏　佐倉　銚子
米子　姫路　京都　名古屋　岡崎　府中　箱根　小田原　小湊
岡山　明石　大坂　四日市　浜松　掛川　下田
兵庫　堺　奈良　安濃津　鳥羽　御油　新居
宇治山田　安乗　南海路
瀬戸　大島

東まわり航路

▶江戸の芝浦沖のようす。多くの荷物を積んだ帆船がえがかれている。
渓斎英泉 画「江戸八景 芝浦の帰帆」
国立国会図書館 蔵

交通の発達がうながした都市の発展

交通が発達すると、江戸、大坂、京都の三都はさらにたくさんの人や物が集まり、大きな都市に発展しました。

第1章｜交通の発達と都市の発展

◆大都市に発達した三都

　江戸時代前期から中期にかけて、交通が発達し流通網が全国に拡大すると、各地で城下町や港町など、さまざまな都市が発展していきました。とくに江戸、大坂、京都の「三都」は、もっとも栄えた大都市でした。江戸は「将軍のおひざもと」といわれ、旗本や御家人が住み、参勤交代の大名が各地から集まる政治の中心地でした。また、いくつもの町が集まり、多くの町人が住んでいたため、江戸は日本最大の消費地でもありました。

　大坂は「天下の台所」とよばれる商業都市として発展しました。全国から物資が集まり、諸藩の蔵屋敷では年貢米や特産品が取り引きされました。

　京都は古くから天皇家や公家の居住地があり、伝統や文化の中心地として栄えました。工芸品が発達し、また、多くの寺社があるため各地から人々がおとずれる観光都市でもありました。

江戸　◆政治の中心地であり一大消費地

　幕府がおかれた江戸は五街道の起点の日本橋があり、全国から大名が集まる政治の中心地でした。そのため、江戸城を中心に武家地があり、幕府の施設や大名屋敷、旗本や御家人の屋敷が建ちならんでいました。また、町人地には商人や職人も多く住んでいました。18世紀はじめにはおよそ100万人が江戸に暮らしていたとされています。人口が多かったため、全国からさまざまな物資が集まる消費都市としての側面もありました。

➡②巻

◀日光道中の千住宿を描いた錦絵。品川、千住、板橋、内藤新宿は、それぞれ五街道の日本橋の次の宿場で、四宿とよばれた。

歌川広重 画「名所江戸百景 千住の大はし」国立国会図書館 蔵

▼17世紀前半の江戸の町のようすをえがいた屏風絵。右側に江戸城、その下に日本橋、左側には増上寺などを見ることができる。

「江戸図屏風」国立歴史民俗博物館 蔵

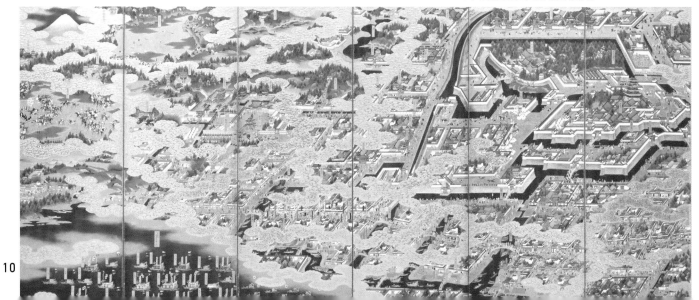

大坂（おおさか）

◆全国から物資が集まる商業都市

　大坂は南海路の菱垣廻船や樽廻船、西まわり航路の北前船が出入りする、海運における重要な場所でした。また、江戸時代以前から、淀川をはじめとする内陸の川沿いの地域への水運も発達していたため、全国から多くの物資が集まる集積地となりました。集められた物資は、諸藩の蔵屋敷、堂島におかれた米市場などで売買され、消費地へと送られていきました。堂島で売り買いされる米の価格は、全国の米価の基準となりました。こうして、大坂は商業都市として発展しました。

大坂の主なできごと

年	できごと
1588年	大坂城がほぼ完成する
1614年	大坂冬の陣
1615年	大坂夏の陣
1619年	大坂町奉行・大坂城代をおく
1631年	大坂の商人、糸割符仲間に入る
1697年	堂島に米市場が移る
1701年	幕府が大坂に銅座をもうける
1730年	堂島米市場が公認される
1783年	米価高騰で打ちこわしが起こる
1787年	天明の打ちこわし
1866年	大規模な打ちこわしが起こる

詳説日本史図録編集委員会 編『山川 詳説日本史図録（第7版）』（山川出版社、2017年）「大坂関連略年表」をもとに作成

▲安治川河岸のようす。綿を江戸に運ぶ菱垣廻船が河岸に集まり、レースをおこなうのが毎年恒例の行事となっていた。
「菱垣新綿番船川口出帆之図」にしのみやオープンデータサイト 蔵

▲堂島の米市場のようす。取り引きが終わっても帰らない人に、水をまいて帰らせようとしている。
歌川広重 画「浪花名所図会 堂じま米あきない」国立国会図書館 蔵

▲諸大名が大坂にもうけた蔵屋敷に荷物を運んでいるところ。商品の取り引きのほか、年貢米や特産品の倉庫としてつかっていた。
秋里籬嶌 画「攝津名所圖會」国立国会図書館 蔵

京都

◆伝統がのこる都市

京都は、天皇家や公家が居住し、朝廷があった伝統的な都市でした。また、西陣織などの織物や友禅染、京焼といった伝統工芸が発達した文化の中心地でもありました。こうした工芸品やその技術は、交通の発展により各地に伝えられました。

京都には古くからの寺社仏閣が多く、さまざまな祭礼もおこなわれていました。そのため、全国から観光で多くの人々がおとずれるようになり、観光都市としても栄えました。

▲左奥に衣笠山、右手前に金閣寺が見える。
歌川広重 画「京都名所之内 金閣寺」国立国会図書館 蔵

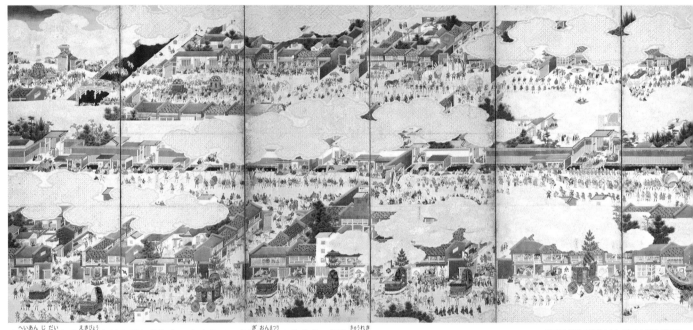

▲平安時代から疫病をはらうためにおこなわれていた祇園祭のようす。毎年旧暦の6月7日の前祭と14日の後祭のときに、山鉾が京都の町をねり歩く。

「祇園祭礼図屏風」京都国立博物館 蔵

京都の工芸

▲楽焼以外の京都でつくられた陶磁器のことを京焼という。粟田焼や清水焼などがある。

▲古くからの技術をもとに、江戸時代から発達した京染。のりを用いて模様をえがき、多彩な色を染める友禅染はよく知られた。

「小袖 茶平絹地椿枝垂柳掛軸模様」東京国立博物館 蔵
出典：ColBase（https://colbase.nich.go.jp/）

▲西陣織は花や鳥のもようを、刺しゅうのように立体的に織る。江戸時代後期に技術が各地へ伝えられた。

「唐織 金紅段枝垂桜尾長鳥模様」東京国立博物館 蔵
出典：ColBase（https://colbase.nich.go.jp/）

交通の発展で栄えたその他の都市

古くから栄え、江戸時代からさらに発展した都市は、三都以外にも各地にあった。ここでは、海運の整備で栄えた都市として新潟と松前、街道の整備で栄えた都市として広島を見てみよう。

新潟

新潟港は江戸時代に日本海側最大級の港町として発展した。北前船の寄港地として、多くの商人や旅人が行き交い、商人のなかには豪商となるものもいた。

▶新潟港は内陸の水運と海運をつなぐ重要な場所として栄えた。
歌川広重 画「諸国名所百景 越後新潟の景」国立国会図書館 蔵

▲新潟市の文化財に指定されている旧小澤家住宅。江戸時代後期から水運で栄えた豪商の家がいまにのこる。

松前

日本最北の藩である松前藩は、米がとれず石高はなかった。しかし、幕府からアイヌ民族との交易を独占する権利を得ており、交易品を本州に売ることで利益を得ていた。

▲江戸時代の松前のようす。沿岸には船が寄港し、手前には多くの家々がならんでいる。
橋本玉蘭貞秀 画「大日本国郡名所 陸奥ノ北国松前」国立国会図書館 蔵

▲現在の松前城。17代藩主の松前崇広が、津軽海峡の警備を強化するために築城した。
北海道観光振興機構 蔵

広島

江戸時代初期の大名だった福島正則は、街道を広島城下まで引き入れ、町を整備した。街道沿いでは商業が発展し、海上交通の要衝としても栄えた。

▶広島にある厳島神社の管弦祭のようす。厳島神社は航行の神として、人々から信仰された。
歌川広重 画「六十余州名所図会 安芸 厳島祭礼之図」国立国会図書館 蔵

▲街道が通っていた猿猴橋の現在。江戸時代はここから町の中心地にむかって街道がのびていた。

13

貨幣制度と金融の発達

江戸時代のはじめに金座や銀座がつくられ、金・銀・銭の三貨が発行されました。これにより両替商が登場し、金融業も発達していきました。

◆貨幣の発行と両替商の登場

　関ヶ原の戦いの翌年、徳川家康は金座・銀座に対し、小判や丁銀などの貨幣を発行させました。金座や銀座で貨幣を鋳造する権利は、江戸幕府がにぎっていました。こうして、17世紀中ごろまでには金・銀・銭の三貨が全国に広まり、貨幣制度が整備されました。

　江戸を中心とする東日本では主に金が、大坂や京都を中心とする西日本では主に銀がつかわれていました。また、金と銀を交換する比率はつねに変化していたため、都市には金と銀の交換をする両替商という仕事をする人たちがあらわれました。両替商は貨幣の交換をするだけでなく、大名家などへのお金の貸付や、為替（離れた場所で商品の取り引きをするとき、お金のかわりに手形をつかっておこなうこと）などの金融業にたずさわりました。両替商は三都や各地の城下町で活動し、幕府の発行した貨幣は全国で流通しました。

▲小判や一分金の鋳造や品質を調べる金座のようす。幕府の勘定奉行（➡1巻）の管理のもとで金貨を発行した。
「金吹方之図」国立公文書館 蔵

江戸時代の両替システム

貨幣制度が整備されたことで、金と銀を両替する両替商があらわれた。両替商は金銀の交換のほかにも、貸付や為替など、現代の銀行に近い業務をおこなっていた。

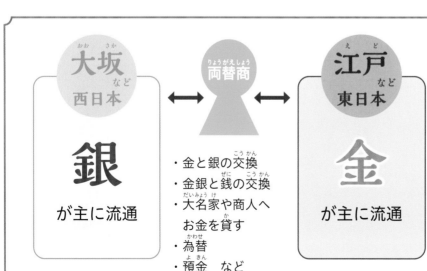

大坂など西日本 — 銀 が主に流通

両替商

・金と銀の交換
・金銀と銭の交換
・大名家や商人へお金を貸す
・為替
・預金　など

江戸など東日本 — 金 が主に流通

両替商の種類

本両替
主に金と銀の両替や貸付などをおこなっており、両替商のなかでもとくに富裕な人たちがついていた。

銭両替
金銀と銭を交換する両替商で、本両替より規模が小さい。米などの商品販売の仕事をかねていることも多かった。

『山川 詳説日本史図録（山川出版社）』「両替商」をもとに作成

幕府は、各地にもうけられた金座、銀座、銭座で三貨を鋳造していた。また、17世紀後半からは諸藩が領地内だけでつかえる藩札という紙幣を発行するようになった。

貨幣の種類

金

小判

一分金

額面と枚数で価値が決まる計数貨幣。価値は1両（一両小判1枚）＝4分（一分金4枚）＝16朱（一朱金16枚）とされた。

［貨幣の写真］
出典：ColBase（https://colbase.nich.go.jp/）

銀

秤量貨幣

丁銀　豆板銀

重さで価値が決まる。重さの単位は1貫＝1000匁＝1万分＝10万厘＝100万毛とされた。

計数貨幣

一分銀　一朱銀

18世紀後半から発行された。金の補助貨幣として、金と同様の単位で使われた。

［貨幣の写真］
出典：ColBase（https://colbase.nich.go.jp/）

銭

寛永通宝

原材料は銅や鉄などで、1文銭と4文銭があった。全国で広く流通し、おもに少額の取り引きに使われた。

日本銀行貨幣博物館 蔵

藩札

備中足守藩札

諸藩の大名が発行し、藩の領地内だけで流通させた紙幣。幕府の許可を得て発行され、藩内での日常的な取り引きに使われた。

日本銀行貨幣博物館 蔵

三貨の交換比率

		金	銀	銭
幕府が定めた交換比率	1609年	1両 ＝	50匁 ＝	4貫（4000文）
	1700年	1両 ＝	60匁 ＝	4貫（4000文）

金銀銭を交換するときの比率は幕府によって定められていましたが、実際には貨幣の改鋳などさまざまな要因により、つねに変動していました。また、幕府の定めた交換比率も1700年に変更されました。

どのようにつかわれた？ 大判の価値とつかいみち

江戸時代の貨幣には、小判より大きな金貨の大判もありました。大判は江戸時代を通して、5種類が発行されました。しかし、大判は主に武家や公家でおくり物としてつかわれたり、商店の店先に飾られたりして、一般に商品の売買ではつかわれていませんでした。大判のおもてには「拾両」と書かれていましたが、これは小判10枚分という意味ではなく、重さをしめしていました。

◀1725年から鋳造がはじまった享保大判。大判は江戸時代、慶長、元禄、享保、天保、万延の5種類が発行された。

出典：ColBase（https://colbase.nich.go.jp/）

流通のしくみの確立と商業の展開

交通網が整備され、金・銀・銭の三貨も広く使用されるようになると、全国の物資が大都市で消費される流通のしくみが確立しました。江戸と大坂のようすを見てみましょう。

◆流通の発達と商業の発展

　江戸時代中期以降、江戸には100万人もの人が住んでいたとみられています。その人々のくらしをささえていたのは、全国各地から集まる食糧や日用品でした。とくに、経済の中心地だった大坂には各地から多くの物資が集められ、江戸をはじめ各地に運ばれました。

　南海路で物資を運ぶために、大坂には二十四組問屋、江戸には十組問屋という、問屋の連合組織がつくられました。どちらも、綿、薬種(薬の材料)、畳表、油、紙などの品目をあつかう問屋の集まりで、二十四組問屋は荷積みを、十組問屋は荷受けを担当しました。また、海の事故などによる損失をたがいにおぎない合っていました。

　さらに18世紀前半になると、商人や職人たちによる同業者の組合である株仲間が公認されました。株仲間は、幕府から公認を受けるかわりに税金をおさめました。

　こうした商人の経済活動はしだいに大きくなっていきました。そして、三都をまたにかけ、経済面で武士を圧倒する大きな商店を経営する豪商もあらわれました。

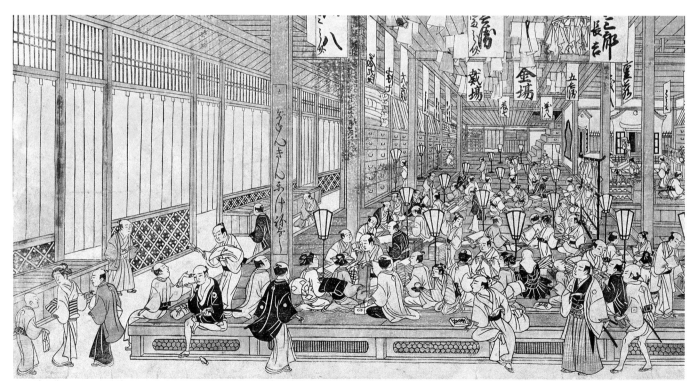

▲江戸時代に新しい商法をうみだしたことで知られる江戸の呉服屋、三井越後屋の店内。それまで呉服の販売では、呉服屋が訪問販売をおこない、客は商品の代金を年に2、3回に分けて、まとめて支払うのが一般的だった(ただし、これはあと払いであり、値段は掛け値といって、支払いを終えるまでの期間の利息をふくんだものになっていた)。これに対して越後屋は店頭販売をおこない、客は代金をその場で現金で支払うという商法を導入することで、商品の値段を、利息をふくまない、より安いものにしていた。

歌川豊春 画
「浮絵駿河町呉服屋図」
三重県総合博物館 蔵

江戸時代の流通のしくみ

江戸時代中期以降の江戸・大坂を中心とする物資の流れ。藩に納められた年貢米や特産品は蔵屋敷に送られ、そこから問屋や仲買、小売を通して消費者に売られた。

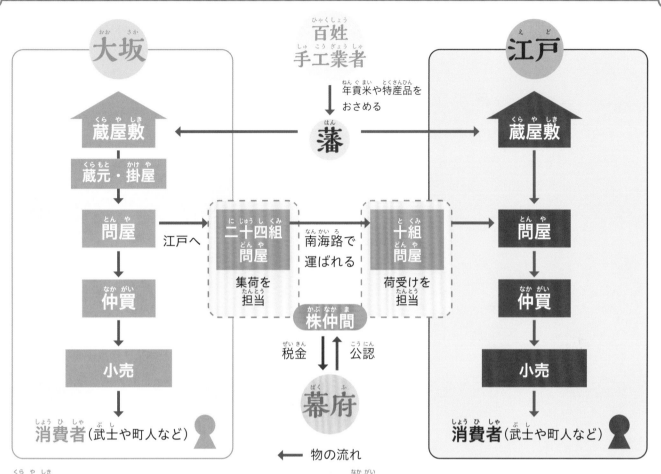

蔵屋敷
諸藩が大坂や江戸などにおいた蔵で、藩の年貢米や特産品が一時的におさめられた。

問屋
商品の取り次ぎをする仕事で、商品の種類ごとに分かれ、買い入れや仲買への販売をする。

仲買
問屋と小売のあいだに入って商品を取り引きをする仕事で、大量の商品を小分けに販売するなど、売買を円滑にする役目があった。

蔵元・掛屋
蔵元は蔵屋敷の物資の売買を担当し、掛屋はお金の管理を担当した。蔵元はもともと諸藩の役人がついていたが、のちに商人に任されるようになった。

詳説日本史図録編集委員会 編『山川 詳説日本史図録(第7版)』
(山川出版社、2017年)「商品流通の仕組み」をもとに作成

江戸時代の主な豪商

　有力な商人たちのなかには、両替商もかね、三都や各地に店をだす豪商とよばれる者もあらわれました。多くの豪商がいるなかでも、江戸の三井家と大坂の鴻池家は江戸時代を代表する豪商でした。両家は両替商をおこないながら、三井家は呉服屋の越後屋を経営、鴻池家は大名貸しや新田の開発をおこないました。両家は現代でも、さまざまな事業をおこなっています。

▶鴻池家が新田開発の拠点とした鴻池新田会所は、江戸時代中期に建てられ、現在も保存されている。
©(公財)大阪観光局 蔵

東海道を旅しよう①

五街道のひとつで、江戸の日本橋と京都をつなぐ東海道は、どのような街道だったのでしょうか。まずはその全体のようすを見てみましょう。

◆多くの人に利用された街道

東海道は、古代からつかわれていた道でした。それを、江戸と上方（京都・大坂とその周辺）をむすぶ重要な街道として江戸時代初期に幕府が整備し、全部で53の宿場がもうけられました。

当初は、主に参勤交代などで大名や武士が利用する街道でしたが、江戸時代中期以降は、伊勢神宮への参詣や上方観光を目的に、徒歩で旅をする庶民も多く行き来するようになります。

宿場のまわりでは、街道沿いに多くの店などがならび、宿場を中心に宿場町が形づくられました。こうした場所では、現代までのこる各地の特産品やみやげものも生まれ、東海道を旅する人々によって全国各地へ広められることになりました。

▲第16の宿場、由比（現在の静岡県）の本陣（→P.26）があった場所に建つ表門。江戸時代の建物が再現されている。
するが企画観光局 蔵

東海道の53の宿場

日本橋の次の品川から、京都の手前の大津まで、全部で53の宿場があった。地図上の漢数字は、江戸の方から数えて何番目の宿場かをあらわす。

四日市
伊勢神宮へつづく伊勢街道への分かれ道があった宿場で、伊勢神宮の二の鳥居がおかれていた。

歌川広重 画「東海道五拾三次之内 四日市 日永村追分 参宮道」メトロポリタン美術館 蔵

[終]京都
大坂
[五十三]大津
[五十二]草津
[五十一]石部
[五十]水口
[四十九]土山
[四十八]坂下
[四十七]関
[四十六]亀山
[四十五]庄野
[四十四]石薬師
[四十三]四日市
[四十二]桑名
伊勢

終点は京都だが、大津からさらに大坂まで街道がつづいており、この部分も東海道にふくまれた。

かみゆ歴史編集部 編著『徹底図解 東海道五十三次』（新星出版社、2010年）「東海道五十三次の宿場と旅路」をもとに作成

宮
熱田神宮の門前町でもあった場所。錦絵には、熱田神宮の熱田神事がえがかれている。

歌川広重 画「東海道五拾三次之内 宮 熱田神事」メトロポリタン美術館 蔵

東海道の旅をえがいた小説
『東海道中膝栗毛』

道中膝栗毛
四日市追分

　江戸時代後期に十返舎一九という作家が書いた『東海道中
膝栗毛』という小説があります。これは、江戸に住んでいる
「弥次さん」「喜多さん」というふたりの男性が、東海道を
通って伊勢神宮や京都へと旅するもようをえがいた物語。
ふたりが旅のとちゅうで経験する失敗や、さまざまないた
ずらをしかけるようすをおもしろおかしくえがいた内容が
人気となり、当時のベストセラーとなりました。

▲四日市の「鍵屋」という店で出会った男性と、まんじゅうの食べ
比べをする弥次さんと喜多さん。
歌川広重 画「道中膝栗毛 四日市追分」メトロポリタン美術館 蔵

島田

東海道で最大の川で
ある大井川がある場
所。人々は徒渡しな
どの方法で、この川
をこえた（➡P.24）。

歌川広重 画「駿遠大井川」
国立国会図書館 蔵

箱根

東海道の難所、箱根
山をのぞむ宿場。近
くの芦ノ湖畔には、
関所がもうけられて
いた（➡P.22）。写真
は再現された関所。

箱根町役場 蔵

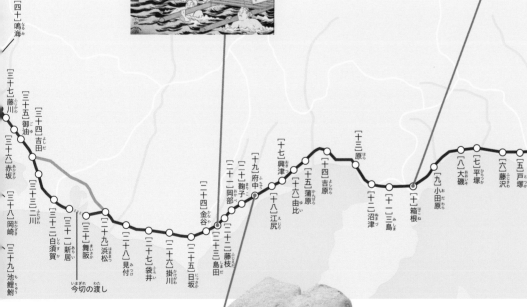

［始］江戸・日本橋
［二］品川
［三］川崎
［四］神奈川
［五］保土ケ谷
［六］戸塚
［七］藤沢
［八］平塚
［九］大磯
［十］小田原
［十一］箱根
［十二］三島
［十三］沼津
［十四］原
［十五］吉原
［十六］蒲原
［十七］由比
［十八］興津
［十九］江尻
［二十］府中
［二十一］鞠子
［二十二］岡部
［二十三］藤枝
［二十四］島田
［二十五］金谷
［二十六］日坂
［二十七］掛川
［二十八］袋井
［二十九］見付
［三十］浜松
［三十一］舞阪
今切の渡し
［三十二］新居
［三十三］白須賀
［三十四］二川
［三十五］吉田
［三十六］御油
［三十七］赤坂
［三十八］藤川
［三十九］岡崎
［四十］池鯉鮒
［四十一］鳴海

府中

家康が築いた駿府城
の城下町。安倍川餅
が名物で、錦絵には
餅を出す店がえがか
れている。

歌川広重 画「行書東海道 府
中」フランス国立図書館 蔵

日本橋

五街道の起点。まわ
りには大きな商家が
ならび、多くの人で
にぎわった（➡P.20）。

歌川広重 画「東海道五拾三
次之内 日本橋・朝之景」メ
トロポリタン美術館 蔵

江戸から東海道を歩いて京都をめざす旅は、どんなものだったのでしょうか。ここでは、旅にでかけようとする人の衣服や持ち物、そして、出発点である日本橋のようすを見てみましょう。

◆日本橋から京都へ向かう

江戸から京都へ向かう東海道の旅のはじまりとなったのは、日本橋です。旅にそなえて服装や持ち物の準備をととのえた旅人たちは、ここから東海道を歩いて西へと向かいました。街道上には、日本橋から1里（約4キロメートル）ごとに一里塚がもうけられていました。人々はこれを、自分が江戸からどれくらいの距離まで来たのかを知る目安としました。　→P.7

東海道をふくむ五街道の起点である日本橋は、当時の江戸の中心地でした。「日本橋」はそこにかかる橋の名前であると同時に、地名でもありますが、この橋のまわりには魚河岸（魚市場）があったほか、越後屋などの大きな商家もならんでいて、多くの人が集まりました。また、橋の下を通る日本橋川は、船がひんぱんに行き交う重要な水上交通路でした。　→②巻

旅の服装と持ち物（江戸時代中期以降）

旅をするときには、歩きやすいよう、男性も女性も着物を短めに着た。また、ここにあげた以外の持ち物として、さいふや弁当箱、水筒などがあった。

庶民の女性

菅笠
日よけになるほか、雨や雪が降ったときには傘のかわりとなった。

竹の杖
歩くときにつかうほかに、女性は身を守るために持ち歩いていた。

ひもつき草履
草履がぬげないよう、かかとまでひもを通して、しばった。

手甲
日ざしや寒さをふせぐために、外にいるときにつけるもの。

浴衣
着物の上に重ねてはおり、着物にほこりや汚れがつかないようにした。

脚半
足のすねにあてて、けがをしないよう保護する。

白足袋
絹やもめんでつくった足袋。寒さやけがから足を守る。

庶民の男性

旅行李
手荷物を入れるもので、ひもの両端にくくって肩にかけて歩いた。

角帯・胴締め
着物をしばるひも。財布などの大事なものはふところに入れ、胴締めでしばった。

菅笠

道中差
身を守るための短い刀。庶民も旅行中は刀を持つことをゆるされた。

手甲

股引
着物の下にはくズボンのようなもの。

わらじ
わらでできたはきもの。旅をしているうちにすり切れてしまうため、宿場などでたびたび買いかえた。

脚半

持ち物

道中案内書
地図や道順、名所などが書かれている、江戸時代のガイドブック。

火口

火打ち道具
火をつける道具。食事が出ない安い宿で料理をするときなどに必要。

火打石　火打金

小田原提灯
小さくたためる提灯。現在も小田原の特産品となっている。

深光富士男 著『旅からわかる江戸時代2』（河出書房新社、2019年）「旅のすがた・持ち物」をもとに作成

日本橋とその周辺は、交通はもちろん、経済や物流の中心地でもあり、多くの人でにぎわっていた。

▲手前には江戸の台所となっていた魚河岸のようすが見える。
一立斎広重 画「東都名所 日本橋真景并ニ魚市全図」国立国会図書館 蔵

◀現在の石造りの日本橋のたもとには、日本国道路元標がある。明治政府は、五街道の始点だったこの場所を、国道の始点とした。

▲現在の日本橋のようす。1603年に最初にかけられた橋は何度もかけかえられ、明治時代末期には木造から石造りにつくりかえられた。現在は橋の上を首都高速道路が通る。

江戸ものしりばなし

江戸時代の交通手段は?
旅のさまざまな乗り物

江戸時代の旅は歩いて移動するのが基本でしたが、お金に余裕があれば乗り物に乗ることもできました。代表的なのが馬で、利用するときは馬子という馬使いの人に引いてもらいました。また、人がかつぐ駕籠という乗り物も、江戸時代初期までは庶民の利用は制限されていたものの、中期にはつかわれるようになりました。ただし、つねにゆれているため、乗っているだけでよいわけではなく、中でからだをささえている必要がありました。

◀馬に乗る旅人。重い荷物ものせられるうえ、雨や雪でも進めるのが便利だった。
歌川広重 画「東海道五拾三次之内 岡崎 矢はぎ川」メトロポリタン美術館 蔵

▶雨のなかを駕籠が走るようす。前と後ろ、ふたりの人でかついだ。
歌川広重 画「東海道五拾三次之内 庄野 白雨」メトロポリタン美術館 蔵

東海道を旅しよう③関所を通る

江戸時代、幕府によって街道にもうけられた関所とは、どのような場所だったのでしょうか。東海道の箱根関所を例に見ていきましょう。

第2章　陸上交通のようす―江戸時代の旅―

◆通行人を調べる

関所とは、街道を通行する人々を検査するための場所です。関所自体は古代からありましたが、江戸時代には幕府によって主な街道に新たに設置され、その数は全国でおよそ50か所となっていました。

幕府が街道に関所をもうけた最大の目的は、治安を守ることにありました。この目的のために関所では、大名の参勤交代でも庶民の旅行でも、通行する人に対する取り調べや荷物の検査がおこなわれました。

とくにきびしく調べられたのは「入鉄砲に出女」です。「入鉄砲」は鉄砲などの武器が江戸に持ちこまれること、「出女」は江戸に人質としておかれた大名の妻が逃げだすことを指します。そのため、

女性が関所を通る場合には、身分の高い人はもちろん、庶民でも取り締まりがきびしく、役人などが発行する関所通行手形という身分証がなくては先に進むことができませんでした。

関所の役人とその役割

関所では、さまざまな役職の役人がはたらいていた。定番人と人見女は、関所の近くに住む家の人が代々つとめた。

役職	役割
伴頭（ばんがしら）	関所の最高責任者で、小田原藩の役人がつとめた。何人かが1か月交代で仕事にあたった。
横目付（よこめつけ）	伴頭の補佐役で、関所の仕事が正しくおこなわれているか監督した。伴頭と同じく小田原藩の役人。
番士（ばんし）	関所通行手形の確認や取り調べなど、関所の主要な仕事を中心となって担当する武士。
定番人（じょうばんにん）	関所のこまごまとした仕事を担当。階級は低く、箱根関所ではつねに3人がつとめていた。
人見女（ひとみおんな）	関所を通る女性をすみからすみまで調べる女性。高齢であることが多く、改め婆とよばれていた。
足軽（あしがる）	小田原藩から来ていた役人で、関所の掃除や木柵の点検と修理、門番などの仕事を担当した。

箱根関所・箱根関所資料館ホームページ「関所ってなに？」（2021年12月28日閲覧）を参考に作成

▲芦ノ湖畔に復元された箱根関所。建物や道具など江戸時代のようすを忠実に再現している。
一般財団法人箱根町観光協会 蔵

▲江戸時代の後期にえがかれた、関所で役人が旅人を取り調べするようす。縁側の上にはふたりの番士、左側には人見女がいる。
「道外茶番膝くり毛 はこね」箱根町立郷土資料館 蔵

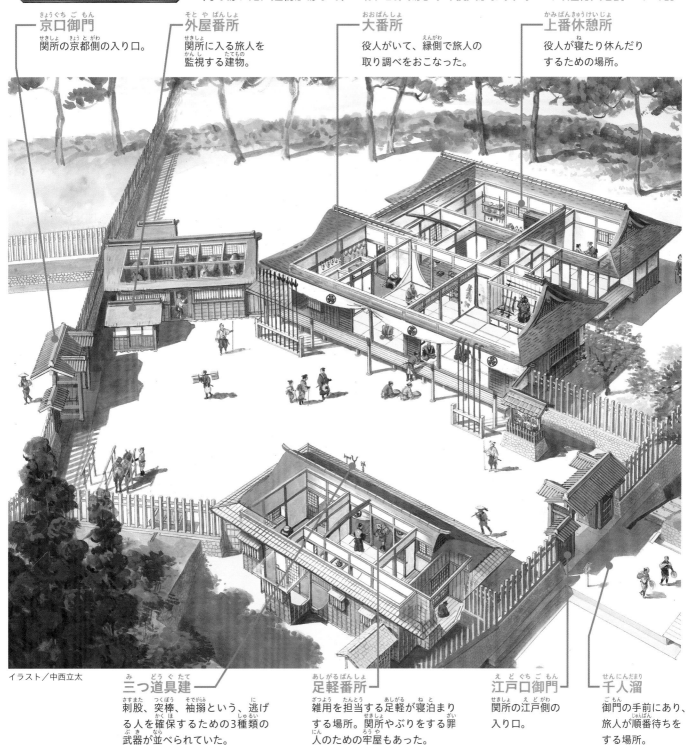

箱根関所のようす

箱根関所は、江戸時代前期に東海道の難所といわれた箱根山の近くにもうけられた。ふたつの門のあいだに建物があって、つねに20人あまりの役人がおり、すべての通行人を調べていた。

京口御門
関所の京都側の入り口。

外屋番所
関所に入る旅人を監視する建物。

大番所
役人がいて、縁側で旅人の取り調べをおこなった。

上番休憩所
役人が寝たり休んだりするための場所。

イラスト/中西立太

三つ道具建
刺股、突棒、袖搦という、逃げる人を確保するための3種類の武器が並べられていた。

足軽番所
雑用を担当する足軽が寝泊まりする場所。関所やぶりをする罪人のための牢屋もあった。

江戸口御門
関所の江戸側の入り口。

千人溜
御門の手前にあり、旅人が順番待ちをする場所。

関所に入ったら

　関所に入ると、旅人はまず笠や頭巾などをとらされ、顔をよく確認されます。江戸方面から来た女性の場合、関所通行手形に書かれた髪形や身体の特徴と一致するかどうか、とくに念入りに調べられました。

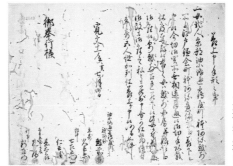

◀女性の旅人が持ち歩いていた関所通行手形。旅の目的や行き先などが書いてある。男性は手形がなくても通れた。
「今切関所女人通行手形」国立国会図書館 蔵

東海道を旅しよう④海や川をわたる

東海道を旅する人たちにとっての大きな苦労のひとつが、ゆくてをはばむ海や川をわたることでした。江戸時代の人々は、どうやってその難所をこえて旅をつづけたのでしょうか。

◆海や川は旅の難所

五街道には、海や川によって道がとぎれる場所が何か所かありました。ところが江戸時代には、大きな川には橋がかかっておらず、海や川をわたるための渡し船も場所によってはありませんでした。これは、幕府が諸藩の反乱をおそれ、勝手に橋をかけることや渡し船の運航を禁じたところがあったからだともいわれています。

そのため、海や川をわたる旅人は料金をはらって、渡し船があればそれに乗り、渡し船がない川では、「川越し人足」とよばれる人をやとってかついでもらう「徒渡し」を利用しました。

東海道には、渡し船か徒渡しが必要な海や川が10ほどありました。そのなかでも、とくに難所として有名だったのが大井川です。大量の雨がふると水害がおこることが多い「あばれ川」で、水位が一定の基準を超えて一時的にわたるのが禁じられる「川留め」になることがひんぱんにありました。一方、そのような川をわたる川越し人足は危険がともなう重労働で、大井川では水位によって料金がかわりました。

海や川を渡る方法

東海道には、海上渡し（海の渡し船）、川の渡し船、徒渡しを利用できる場所があった。これらを利用するときに旅人が支払う料金は、藩や宿場の重要な収入源だった。

渡し船

東海道では、舞阪と新居のあいだの「今切の渡し」と、宮と桑名のあいだの「七里の渡し」の2か所に海上渡しがあった。海上渡しは早く進むことができたが、事故も多かったため、時間がかかっても脇街道を歩いて行く人もいた。また川でも、徒渡しよりは渡し船のほうが早くわたることができた。武士や僧侶などは、渡し船の料金が無料となった。

▲江戸時代の七里の渡しのようす。大名が乗る豪華な御座船が、鳥居の向こうに見える。
歌川芳虎 画「東海道 宮」国立国会図書館 蔵

▲七里の渡しがあった場所は、現在は公園となっており、船着場などが復元されている。
(公財)名古屋観光コンベンションビューロー 蔵

▲川崎を流れる六郷川は、江戸から出発して最初にわたる川。船上には一服する人が見える。
歌川広重 画「東海道五拾三次之内 川崎 六郷渡舟」メトロポリタン美術館 蔵

▶現在の大井川のようす。川幅は約1.3キロメートルもあり、東海道でいちばん大きな川。

▼参勤交代の行列が大井川をわたるようす。大井川は「越すに越されぬ大井川」といわれるほど川留めが多く、そうなると数日は宿場に足止めをされることもあった。

歌川広重 画「大井川連台渡之図」国立国会図書館 蔵

徒渡し

徒渡しでは、ひとりの川越し人足による肩車か、板の台(輦台)を4人でかつぐ「輦台渡し」のいずれかを利用者が選べた。大名行列の大名は、陸路で乗っていた駕籠ごと大勢の人足で運んだ。

川の水位でかわる徒渡しの料金

▼寛政年間(1789〜1801年)ごろの、大井川の徒渡しの料金。水位が川越し人足の身体のどのあたりかで、金額が決まった。また、輦台渡しの場合は料金がさらに数倍になった。

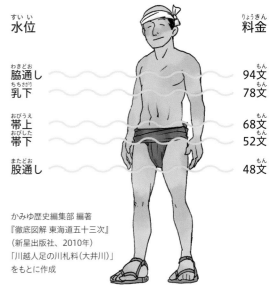

水位	料金
脇通し	94文
乳下	78文
帯上	68文
帯下	52文
股通し	48文

かみゆ歴史編集部 編著
『徹底図解 東海道五十三次』
(新星出版社、2010年)
「川越人足の川札料(大井川)」
をもとに作成

◀府中の安倍川をわたるようす。右下に輦台に乗る女性や、人足の肩車でわたる人たちが見える。

歌川広重 画「東海道五十三次之内 府中 安部川」メトロポリタン美術館 蔵

東海道を旅しよう⑤宿場のようす

街道にもうけられた宿場とは、どのような役割をはたす場所で、どのような施設があったのでしょうか。東海道沿いの主な宿場を例に見ていきましょう。

◆大名や旅人が休む場所

江戸時代初期、幕府によって整備された街道には、多くの宿場がもうけられました。宿場とは、街道を通る人々が泊まる宿泊施設があった場所です。

宿場の宿泊施設のなかで、参勤交代の大名たちが泊まるところは、本陣とよばれました。街道が交わるような大きな宿場には、いくつもの本陣がもうけられました。そのそばには、本陣に入りきらない従者などが泊まる、脇本陣もありました。

さらに宿場には、街道をつかって運ばれる荷物や手紙などの中継地点としての役割もありました。そのため、各宿場には問屋場という施設ももうけられ、そこに幕府の公用の旅人や、その荷物などを運ぶための人や馬を用意しておくことが義務づけられていました。

また、庶民が街道を利用して長い旅をするようになると、宿場には旅籠や木賃宿とよばれる、庶民が利用する宿泊施設が増え、食事ができる茶屋や、みやげもの屋もできました。

このような、さまざまな施設や店が集まり、宿場を中心として形づくられた町は、宿場町とよばれます。

東海道の宿場のようす

江戸時代前期に、東海道には53の宿場がつくられた。本陣や旅籠の数や規模は宿場によってさまざまだが、旅籠の数は約3000軒に達したといわれている。

歌川広重 画「東海道五拾三次之内 品川 日之出」メトロポリタン美術館 蔵

江戸湾

朝日がのぼる早朝、江戸湾に帆船が浮かんでいる。現在は埋め立てられた江戸湾の品川一帯では、芝エビやのりなどがとれた。

茶屋や旅籠

街道沿いの茶屋などでは、江戸湾でとれた海産物を食べることができた。また旅籠のなかには、飯盛女(宿場にいる遊女)をおくところも多かった。

宿場は旅の楽しみの
ひとつだったんだ

歌川広重 画「東海道五拾三次之内 原 朝の富士」
メトロポリタン美術館 蔵

品川宿

東海道の最初の宿場で、江戸に向かう人と江戸から各地に向かう人がつねに行き交っていた。また、桜見物や潮干狩りの名所としても知られ、江戸時代を通して栄えた宿場だった。江戸時代後期のようす。

大名行列

朝早くに日本橋を出発した大名行列のしんがり（最後尾）の人。すぐ下には、行列が通過するのを待っている庶民の姿が見える。

御殿山

3代将軍の徳川家光が鷹狩りのための御殿をおいた高台。のちに8代将軍の徳川吉宗が桜の木を植え庶民にも開放したことで、桜の名所となった。

浜松宿

東海道でもとくに大きな宿場町で、1830年ごろには6軒の本陣がおかれていた。宿場の奥には浜松城が見える。江戸時代後期のようす。

歌川広重 画「東海道五拾三次之内 浜松」メトロポリタン美術館 蔵

御油宿

多くの飯盛女がいた、にぎやかな宿場。絵のなかには、強引に客引きをする飯盛女の姿がえがかれている。江戸時代後期のようす。

歌川広重 画「東海道五拾三次之内 御油 旅人留女」メトロポリタン美術館 蔵

宮宿

1843年には250軒近い旅籠がならんでいた、東海道最大の宿場町。熱田神宮の門前町としても栄えた。絵には熱田神宮の馬追い神事と、それをながめる旅人の姿がえがかれている。江戸時代後期のようす。

歌川広重 画「東海道五十三次之内 宮 熱田神事」メトロポリタン美術館 蔵

宿場のさまざまな施設

人々が安心して旅ができるように、宿場にはさまざまな施設が整えられていた。これらは、その地域に住む一般の人々によって運営された。

本陣

参勤交代の大名や家臣が泊まる大規模な宿泊施設。幕府の役人や旗本、公家、外国使節なども利用した。

歌川広重 画「東海道五拾三次之内 関 本陣早立」メトロポリタン美術館 蔵

▲江戸時代の建物がのこる草津宿の本陣。現存する本陣では最大規模で、国の史跡に指定されている。

▲平塚宿の推定復元模型。平塚宿は、1843年ごろで本陣1軒、脇本陣1軒、旅籠54軒という中規模の宿場だった。宿場町のなかを東西にまっすぐ街道がのび、その正面に高麗山を見ることができた。

平塚市博物館 蔵

旅籠

武士や庶民が宿泊する施設で、大人数の大名行列が滞在するときは、従者が旅籠に宿泊することもあった。

木賃宿

庶民が利用する。旅籠が1泊2食つきであるのに対し、木賃宿は大部屋で食事なしだったため、食事は自分で準備する必要があった。

歌川広重 画「五拾 木曽海道六拾九次之内御嶽」国立国会図書館 蔵

問屋場

主に幕府の公用の旅人や荷物などを次の宿場まで運ぶ仕事をうけおう施設で、宿役人とよばれる人々が業務をおこなっていた（庶民も利用することができた）。手紙を運ぶ継飛脚（➡P.30）もここにひかえていた。

歌川広重 画「東海道五拾三次之内 石薬師」メトロポリタン美術館 蔵

歌川広重 画「東海道五拾三次之内 赤阪・旅舍招婦ノ図」国立国会図書館 蔵

さまざまな店

茶屋や、みやげもの屋など。ふだんの質素な食事とはちがう茶屋の食事は、江戸時代の人々にとって旅の大きな楽しみのひとつだった。

歌川広重 画「東海道五十三次之内 鞠子 名物茶店」メトロポリタン美術館 蔵

◀鞠子宿名物のとろろ汁。

▲江戸時代の茶屋などの建物が復元された関宿の風景。

街道と江戸時代の通信

江戸と各地をむすぶ街道が整備されたことによって、現在の郵便制度にあたるしくみも発達しました。これは、当時の人々にとって重要な通信手段でした。

◆各地をむすぶ飛脚制度

江戸時代、遠く離れた場所にいる人との通信手段は手紙しかありませんでした。この手紙を、街道を走って運んだ配達人が、飛脚です。

飛脚がうまれたのは江戸時代のはじめ、幕府が、各地へ公用文書や荷物を送るために継飛脚の制度をもうけたときです。これは、主な街道の宿場に問屋場をつくってそこに飛脚を待機させておき、宿場から宿場へと、リレー形式で手紙を目的地まで運ぶというものでした。やがて諸藩の大名もこの制度をとり入れ、国元と江戸や大坂をつなぐ大名飛脚をもうけました。

さらに飛脚の利用はしだいに庶民へも広まり、

やがて民間が運営する町飛脚が登場します。町飛脚の料金は、距離ととどける日数によって決められていました。

▲江戸時代後期の、東海道の平塚を走る飛脚。歩く人が道をあけている。

歌川広重 画「東海道五拾三次之内 平塚 縄手道」メトロポリタン美術館 蔵

飛脚制度の発達

最初に継飛脚が制度化され、のちに大名飛脚や町飛脚がうまれた。町飛脚は商人がはじめたもので、江戸、大坂、京都の三都を中心に発達した。

継飛脚
幕府の公文書を運ぶ飛脚で、原則としてふたりひと組で走った。大名行列よりも優先され、夜間の通行が認められていない関所も通れた。

↓

大名飛脚
諸藩の公文書や現金などを運ぶ飛脚。各藩が独自にもうけ、国元と江戸や大坂などをむすんだ。とくに尾張藩や紀伊藩は、七里ごとに飛脚小屋をおいていた。

↓

町飛脚
庶民の手紙や書類、現金などを運ぶ飛脚で、距離と速さによって料金がかわった。江戸では定飛脚、大坂では三度飛脚、京都では順番飛脚とよんだ。

◀江戸時代後期の継飛脚のようす。夜はひとりが提灯をもって走った。ふたりひと組で走ることで、確実に配達ができるようにした。

葛飾北斎 画「冨士百撰 暁ノ不二」郵政博物館 蔵

▶飛脚宰領は民間の定飛脚の監督責任者で、飛脚の運行を指示したり、手紙などを数頭の馬に乗せて運んだりした。江戸時代中期のようす。

秋里籬嶌湘夕 画「東海道名所圖會」国立国会図書館 蔵

江戸～大坂間の飛脚の行程

江戸と大坂をつなぐ飛脚の速さは、料金によってちがっていた。通常は4～10日ほどかかったが、江戸時代末期には最速で3日で運んだ。

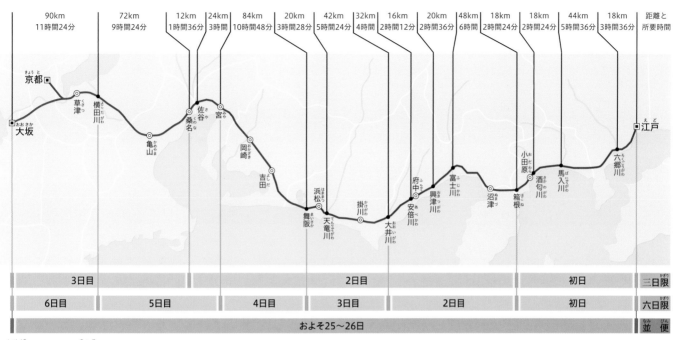

| | 90km | 72km | 12km | 24km | 84km | 20km | 42km | 32km | 16km | 20km | 48km | 18km | 18km | 44km | 18km | 距離と |
| | 11時間24分 | 9時間24分 | 1時間36分 | 3時間 | 10時間48分 | 3時間28分 | 5時間24分 | 4時間 | 2時間12分 | 2時間36分 | 6時間 | 2時間24分 | 2時間24分 | 5時間36分 | 3時間36分 | 所要時間 |

京都 大坂 草津 横田川 亀山 佐谷 桑名 宮 岡崎 吉田 浜松 舞阪 天竜川 掛川 大井川 府中 安倍川 興津川 富士川 沼津 三島 箱根 小田原 酒匂川 馬入川 六郷川 江戸

3日目				2日目							初日				三日限
6日目	5日目	4日目		3日目				2日目			初日				六日限
およそ25～26日															並便

▲宿場間の時間と距離を計算すると、時速8kmほどで走っており、つねにジョギングをしているぐらいの速さとなる。

竹内誠 監修『江戸時代館』（小学館、2011年）「江戸・大坂便の走行時刻表」をもとに作成

江戸～大坂間の飛脚の運賃

種類	所要日数	運賃
仕立便 依頼があるとすぐに出る便 （正三日限は1853年から開始）	正三日半限	金7両2分
	正四日限	金4両2分
	正四日半限	金4両
	正五日限	金3両2分
	正五日半限	金3両
	正六日限	金2両2分
	正三日限	銀700匁
幸便 月に何回かある出発日のなかで直近の日に出る便	六日限	銀2匁
	七日限	銀1匁5分
	八日限	銀1匁
	十日限	銀6分
並便	十日限	銀3分

1830～1864年ごろの定飛脚の公定の運び賃（仕立便は封物100目、幸便と並便は書状1通の値段）。並便は便に空きがあるときなどに出る便で、20日以上かかることも多かった。また、幸便も到着が遅れることが多かったため、1863年に「催合便」という正六日限の便が追加された。

横井時冬 著『日本商業史』（原書房、1982年）をもとに作成

明治時代になってどうかわった？ 新しい郵便制度

ものしりばなし

明治時代に入ると、飛脚制度は「日本近代郵便の父」といわれた前島密という人物によって、近代的な郵便制度へとうまれかわりました。大きなちがいは、飛脚制度では幕府や藩の公用は無料で、民間の町飛脚は有料だったのに対して、郵便制度は、公用・民間にかかわらず、誰でも平等に同じ料金で利用できるところです。また、「郵便」や「切手」といった用語も、前島によって定められました。

◀明治時代初期の町のようす。中央にかばんを下げて走っている郵便配達員がえがかれている。

廣重 画「東京開化三十六景」国立国会図書館 蔵

全国の人気の名所

江戸時代中期には、庶民も旅を楽しむようになり、人々は街道を利用して、全国各地にでかけました。江戸時代に人気が高かった名所を見てみましょう。

◆庶民も参詣などで旅に出る

　江戸時代、幕府や藩は庶民がおさめる年貢などの税で成り立っていました。そのため当初は、税収の減少につながる庶民の長旅は、簡単には許可されませんでした。

　しかし江戸時代中期になり、百姓の生活が安定してくると、庶民も旅にでられるようになっていきます。ただし庶民が自分の住む町や村からでるには手形が必要で、その目的は商売や湯治（病気の治療のために温泉に入ること）、寺社への参詣などに限られていました。そのため人々は、こうした寺社参詣や湯治を目的として旅にでて、そのついでに、名所をめぐる遊山もおこなうようになりました。

　寺社参詣の目的地としてもっとも人気が高かったのは、伊勢神宮です。「お陰参り」という、伊勢参りの爆発的な流行がほぼ60年に一度起こり、1830年には400万人以上が伊勢神宮を参詣したといわれています。そのため、現地は大混雑となりました。

江戸時代の主な名所

江戸時代、庶民の旅先として人気の高かった全国各地の名所。寺社への参詣には、にぎやかな門前町を歩く楽しみもあった。

竹内誠 監修・市川寛明 編『一目でわかる江戸時代』（小学館、2004年）「全国の名所旧跡」をもとに作成

近江八景
比良の暮雪
堅田の落雁
唐崎の夜雨
三井の晩鐘
矢橋の帰帆
粟津の晴嵐
石山の秋月
瀬田の夕照

京都
● 御室桜
卍 延暦寺
卍 醍醐寺
卍 大徳寺
卍 東寺
□ 賀茂上下社
◎ 祇園会
◎ 御霊祭
◎ 今宮祭

大坂
▲ 天保山
● 難波之津
■ 天神橋
■ 天満橋
■ 難波橋
卍 四天王寺
□ 天満宮
□ 住吉大社
◎ 天満祭
◎ 住吉祭

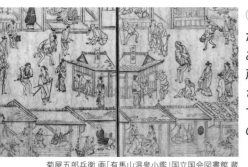

◎有馬温泉

たいへん人気のある温泉で、江戸時代前期にだされた温泉番付では最高位の西の大関だった。

菊屋五郎兵衛 画「有馬山温泉小鑑」国立国会図書館 蔵

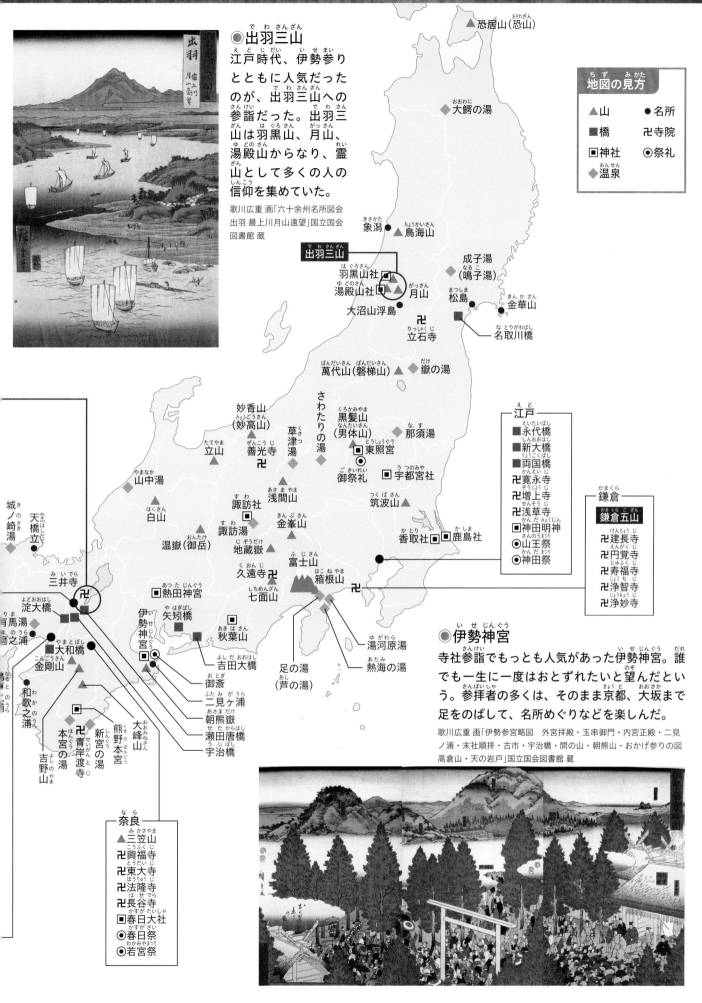

◉出羽三山

江戸時代、伊勢参りとともに人気だったのが、出羽三山への参詣だった。出羽三山は羽黒山、月山、湯殿山からなり、霊山として多くの人の信仰を集めていた。

歌川広重 画「六十余州名所図会 出羽 最上川月山遠望」国立国会図書館 蔵

地図の見方

- ▲ 山
- ● 名所
- ■ 橋
- 卍 寺院
- ▣ 神社
- ◉ 祭礼
- ◆ 温泉

▲恐居山(恐山)

◆大鰐の湯

象潟　▲鳥海山

成子湯(鳴子湯)

出羽三山
羽黒山社
湯殿山社
月山

松島　金華山

大沼山浮島
卍立石寺
名取川橋

萬代山(磐梯山)　▲嶽の湯

妙香山(妙高山)
草津湯
黒髪山(男体山)
那須湯

▲立山
善光寺 卍
さわたりの湯
東照宮 ◉御祭礼
宇都宮社

山中湯
白山
諏訪社
浅間山
金峯山
筑波山

温嶽(御岳)
諏訪湯
地蔵嶽

城ノ崎湯
天橋立
久遠寺 卍
富士山
香取社　鹿島社

淀大橋
七面山
箱根山 卍

有馬湯
三井寺 卍
熱田神宮
矢矧橋

大和橋
秋葉山
湯河原湯

金剛山
伊勢神宮
吉田大橋
足の湯(芦の湯)
熱海の湯

和歌之浦
御斎
二見ヶ浦
朝熊嶽
瀬田唐橋
宇治橋

大峰山
新宮本宮
青岸渡寺
本宮の湯
熊野本宮
新宮の湯

吉野山

江戸
- ■永代橋
- ■新大橋
- ■両国橋
- 卍寛永寺
- 卍増上寺
- 卍浅草寺
- ▣神田明神
- ◉山王祭
- ◉神田祭

鎌倉
鎌倉五山
- 卍建長寺
- 卍円覚寺
- 卍寿福寺
- 卍浄智寺
- 卍浄妙寺

奈良
- ▲三笠山
- 卍興福寺
- 卍東大寺
- 卍法隆寺
- 卍長谷寺
- ▣春日大社
- ◉春日祭
- ◉若宮祭

◉伊勢神宮

寺社参詣でもっとも人気があった伊勢神宮。誰でも一生に一度はおとずれたいと望んだという。参拝者の多くは、そのまま京都、大坂まで足をのばして、名所めぐりなどを楽しんだ。

歌川広重 画「伊勢参宮略図　外宮拝殿・玉串御門・内宮正殿・二見ノ浦・末社順拝・古市・宇治橋・間の山・朝熊山・おかげ参りの図 高倉山・天の岩戸」国立国会図書館 蔵

▶ 海上交通と主な航路

江戸時代には水上交通が発達して、さまざまな航路が整備され、一度に大量の荷物を運べるようになりました。ここでは海上交通でどのような航路が整備されたのか、見ていきましょう。

◆航路の整備

陸路での輸送手段が馬か牛しかなかった時代、船をつかえば、より多くの物を輸送することができました。そのため、海上交通が発達すると、これを利用してたくさんの物資が運ばれるようになり、経済が発展していきました。

さらに、幕府は商人の河村瑞賢に年貢米の輸送を命じ、瑞賢によって「東まわり航路」と「西まわり航路」が整備されます。東まわり航路は、東北地方の酒田から津軽海峡を通って江戸までをむすぶ航路で、西まわり航路は、酒田から日本海と瀬戸内海を通って大坂までの航路です。さらに、18世紀末ころからは大坂と蝦夷地（現在の北海道）をつなぎ、多くの商船が西まわり航路を行き来しました。

またほかに、物流拠点である大坂から大消費地である江戸まで物資を運ぶための「南海路」もありました。

河村瑞賢
（1618～1699年）

◀伊勢国（現在の三重県）出身。東北地方の年貢米を江戸に運ぶための航路を整備した。

▲江戸の永代橋のようす。港にずらりと船がならんでいる。荷物は小型船に積みかえて岸まで運んだ。

―立斎広重 画「東都名所永代橋全図」国立国会図書館 蔵

江戸時代、全国の港をつなぐ航路が確立されていった。ここでは、海運が活発だった代表的な3つの航路を紹介する。

地図の見方

— 東まわり航路
— 西まわり航路
— 南海路
— その他の航路

詳説日本史図録編集委員会編『山川 詳説日本史図録（第7版）』（山川出版社、2017年）「水上交通」をもとに作成

西まわり航路

東北・北陸地方の年貢米を、日本海と瀬戸内海を通って大坂まで運ぶ航路。日本海沿岸の各都市と大坂をむすび、年貢米以外にもさまざまなものが運ばれ、大坂の繁栄とともに大きく発展した。またのちには、大坂と蝦夷地をむすんだ。

北前船の主な航行範囲。蝦夷地や東北の物資を、西まわりで大坂など上方に輸送した。

生活用品などを積んだ菱垣廻船や、主に酒樽を積んだ樽廻船は南海路を使って行き来した。

箱館
松前
佐井
三厩
鰺ヶ沢
青森
弘前
八戸
能代
土崎
秋田
盛岡
宮古
本荘
横手
湯沢
一関
新庄
荒浜
酒田
相川
小木
新潟
山形
仙台
石巻
新発田
会津
岩沼
福島
寺泊
長岡
白河
直江津
高田
出雲崎
善光寺
日光
平潟
福浦
金沢
富山
上田
宇都宮
那珂湊
三国
追分
高崎
水戸
栗橋
幸手
福井
岐阜
塩尻
下諏訪
甲府
江戸
佐倉
福知山
鳥取
小浜
京都
馬込
大月
小仏
銚子
松江
米子
姫路
兵庫
明石
名古屋
桑名
関
岡崎
浜松
掛川
府中
箱根
小田原
小湊
浜田
津和野
岡山
尾道
広島
堺
奈良
安濃津
四日市
御油
新居
下田
温泉津
赤間関
大坂
鳥羽
宇治山田
安乗
小郡
鞆
浦戸
大島
平戸
佐賀
小倉
佐賀関
長崎
京泊
坊津
山川

南海路

大坂と江戸をむすぶ定期航路。大坂は「天下の台所」とよばれる商業と物流の中心地で、生活用品などさまざまなものがこの航路で江戸へと運ばれていた。

東まわり航路

酒田から津軽海峡を経由して江戸にいたる航路。東北地方の年貢米や特産物などを運ぶ代表的な航路となった。しかし、太平洋は荒波がはげしいところがあり、難所も多かった。

ものしりばなし

船乗りが恐れた海難
航海安全の祈願

科学的な天気予報がなかった江戸時代には、航海で遭難する危険がつねにありました。船頭たちは空模様をよく見て、よい天気だからと出航しても、予期しない暴風雨にあってしまうことも少なくありませんでした。そのため、船乗りたちは航海の神様への強い信仰心をもっていました。航海安全のために人形などのご神体を帆柱の下におさめたり、航海の前に船絵馬を寺社に奉納したりしました（→P.38）。

◀隠岐諸島でおこなわれていた安全祈願の神事のようす。たいまつを海に投げ入れて航海の無事を祈った。

歌川広重 画「諸国名所百景 隠岐焚火社」国立国会図書館蔵

さまざまな航路でつかわれた弁才船

江戸時代後期、商船としてもっとも多くつかわれていたのが、弁才船という船です。いったい、どのような船だったのか、特徴や航行のようすを見てみましょう。

◆海運で活躍した商船

南海路を利用した菱垣廻船と樽廻船は、江戸時代を通して大坂から江戸への物流をささえた海上運送です。

樽廻船は最初は酒樽だけを運んでいましたが、やがて生活用品も運ぶようになり、もとからさまざまな生活用品を運んでいた菱垣廻船とはげしい輸送競争をするようになります。しかし、樽廻船のほうが小型でスピードがあり、運賃が安かったため、次第に樽廻船のほうが多くつかわれるようになっていきました。

この菱垣廻船や樽廻船に加え、西まわり航路の北前船などによくつかわれていた船が弁才船です。弁才船は江戸時代初期から瀬戸内海でよくつ

かわれていて、荷物の積み下ろしがしやすいという特徴がありました。また、1000石以上という大量の荷物を積めるので、「千石船」ともよばれていました。そのため各地で同じような型の船がつくられたり、改良されたりして、さまざまな廻船で活躍するようになったのです。

▲樽廻船で運ばれた伊丹の酒をつくるようす。下り酒とよばれ人気があった。

法橋關月 画「日本山海名産圖會」国立国会図書館 蔵

弁才船(千石船)の積荷の量

1000石の米を積んだ弁才船

みくに龍翔館 蔵

1000石積みの弁才船の場合、だいたい12〜15人ほどの乗組員がおり、一度に2500俵ぶんの米俵と同じ重さの荷物を運ぶことができた。

米俵2俵を積んだ馬

=

.... 1250頭

▲江戸時代、米俵の大きさは全国で統一されていなかったが、ここでは1俵を4斗とする。馬に乗せる荷物の重さは米俵だと2俵ぶんが限度だった。1艘の弁才船に1000石の米を積めたので、一度に1250頭の馬が運ぶ米の量を運ぶことができたことになる。

弁才船は大きな帆が特徴で、多くの風を受けられることから、進む能力が高かった。そのため、櫓のこぎ手がいらず、その分、乗員が少なくてすみ、経済的だった。

帆

この部分で風を受けることで船が進む。木綿の布を重ねてぬい合わせてつくられており、のちにより厚くて丈夫な帆に改良された。

弥帆

航行を安定させるための小さな帆。風が強いとき以外は下ろしていた。

みくに龍翔館 蔵

舵柄

舵の操作をおこなうための棒。舵はとり外しができるようになっていた。

▲越前の三国港(現在の福井県)に停泊している弁才船。

歌川広重 画「諸国名所百景 越前三国の大湊」国立国会図書館 蔵

四爪碇

鉄製で爪が4つある碇。碇は船を停泊する道具で、1000石積みの船には7つから8つの四爪碇が積まれていた。

舵

船の進む方向を調整するための装置。風で船体が横に流されることをふせぎ、操作性をよくするため、ほかの種類の船より大きくなっている。

大坂と蝦夷地をむすんだ北前船

西まわり航路を蝦夷地までのばし、莫大な利益を上げた北前船。主にどのようなものを運び、どのようにして利益を得ていたのでしょうか。

◆売買をくりかえしながら航行

大坂から日本海を通って蝦夷地(現在の北海道)まで行く北前船は、江戸時代中期ごろから急成長した商船でした。菱垣廻船や樽廻船が、問屋などの荷主から依頼されて荷物を目的地まで運ぶのに対し、北前船は寄港地にとまるたびにのせている商品を売ったり、その土地で新たに商品を買ったりする「買い積み」方式をとっていました。ある土地で生産されて安く売っているものを買い、ほかの土地で高く売るというしくみです。

大坂から蝦夷地へは、塩や砂糖、綿織物、紙、米、陶器などが運ばれました。また、蝦夷地から運ばれたのは、ニシンやサケなどの魚や、魚油、かずのこ、昆布などでした。北前船がのせていた商品は、各寄港地でつくられる特産品や日用品で、ほかの地域ではあまりみられないものが多くありました。

こうして各港で売り買いをくりかえし、春から初冬にかけて1年に1往復するだけで、北前船は船主に莫大な利益をもたらしました。

▲北前船を描いた船絵馬「毘沙門丸」。船絵馬は、船主や船頭が航海の安全を祈願して寺社に奉納した。
加賀市北前船の里資料館 蔵

買い積みのしくみ

北前船が寄港した土地で入手しづらかった商品は、高値でもよく売れた。しかし船が遭難すると、船も積んでいた商品も失ってしまうため、大きな損失をうむ危険がある商売だった。

下り

大坂	本州各地の港	蝦夷地
商品を安く買って、北前船に積んで出航。	積んできた商品を高く売り、その土地の商品を安く買って出航。	米など蝦夷地では生産できない商品を高く売る。また、蝦夷地の昆布やにしんなどを安く買って出航。

上り

大坂	本州各地の港	
蝦夷地などで買った商品を下ろして、高く売る。	蝦夷地などで買った商品を高く売り、この土地の商品を安く買って出航。	ほかの港にも寄港

深光富士男 著『旅からわかる江戸時代3』(河出書房新社、2019年)をもとに作成

北前船で運ばれたもの

大坂から蝦夷地に向かって運んだものを「下り荷」、蝦夷地から大坂に戻りながら運んだものを「上り荷」とよんだ。各地の特産品は、ほかの地域で高く売ることができた。

下り荷

◀米
米の生産ができない蝦夷地で売ったり、ほかの商品と交換したりした。

◀はんど
温泉津(現在の島根県)で生産されていた水がめで、人気の商品だった。写真は現代のもの。

島根県 蔵

◀わらの入れ物
商品を入れるわらの入れ物は俵やかますといい、これ自体も売買された。

砺波市教育委員会 蔵

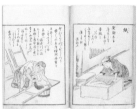

◀紙
紙の生産のようす。各地でつくられ、貴重な品として北前船で運ばれた。

橘岷江 画「彩画職人部類」国立国会図書館 蔵

▲塩
瀬戸内海沿岸で生産された塩は、各地の港で塩問屋によって売られた。

◀伊万里焼
肥前でつくられた磁器で、庶民が日常的につかうための食器として売買された。

「染付草花文輪花大皿」東京国立博物館 蔵
出典：ColBase(https://colbase.nich.go.jp/)

上り荷

◀俵物
なまこ、あわび、ふかひれといった蝦夷地の特産品で、干して乾燥させて俵につめて運んだ。

◀蝦夷錦
アイヌの人たちが中国との交易で入手した古着。美しい模様が特徴。

「陣羽織」東京国立博物館 蔵
出典：ColBase(https://colbase.nich.go.jp/)

◀昆布
蝦夷地で多くとれる海産物で、大坂や京都、江戸で大量に消費された。

▲サケ
蝦夷地でとれる魚で、下り荷で運ばれた塩をつかって加工された。

▲かずのこ
ニシンの卵を乾燥させたり塩漬けにしたりしたもの。ニシンとともに運ばれた。

▲ニシン
農業の肥料となる干鰯や、干して保存食とする身欠きニシン。

ものしりばなし

一攫千金の夢の船！
富豪となった船主たち

　北前船を所有している船主は、主に西まわり航路の寄港地の近くに住んでいました。北前船が蝦夷地と大坂を往復すると、たいへんな利益を得られたため、それを元手に、さらに持ち船を増やすこともできます。北陸地方には、こうして巨額の富を得た船主もいました。一方で、もし船が遭難すると、船も商品もいっぺんに失ってしまい、大きな損失となってしまいます。そのため、船主たちはつねにリスクがあるなかで商売をしていました。

◀北前船の船主として知られる高田屋嘉兵衛。もともと船乗りだったが、弁才船「辰悦丸」を入手して独立。北前船交易で活躍した。

海運で栄えた港町

江戸時代、全国各地の港町は国内の廻船が出入りすることで発展していきました。そうした、当時の港町のようすを見ていきましょう。

◆整備された港町

江戸時代、幕府は鎖国をしいていたため、全国の港町で外国との交易をおこなっていたのは長崎だけで、朝鮮使節団の船を受け入れている瀬戸内海の牛窓、鞆津、室津などの港以外は、国内の船が出入りする港でした。

17世紀後半に航路がもうけられ経済が発展すると、それとともに、諸藩によって港町の整備が進められました。これは、年貢米を大坂の市場に出荷したり、必要な日用品を買い入れたりするためです。また、大きな川の河口には、港に運ばれてきた物資をあつかう諸藩の蔵屋敷や廻船問屋の蔵がたちならび、港町が発展しました。そしてここから、川をさかのぼって内陸の地域へと物資が運ばれていきました。

こうして発展した代表的な港町としては、堺、博多、新潟、三国、酒田などがあげられます。とくに新潟は西まわり航路の寄港地として栄え、1843年に幕府領となって新潟奉行がおかれました。さらに1858年には、日米修好通商条約によって外国に開港される5港のひとつに選ばれました。

他地域との交易で栄えた新潟の港町

越後では、新潟をはじめとする港町から多くの年貢米が出荷された。さらに江戸時代末期には、米以外の商品の取り引きもさかんになった。

▲江戸時代後期の新潟港。江戸時代初期には、港町は碁盤の目のように整備されていた。
「新潟真景図」北方文化博物館 蔵

取り引きのあった主な地域と品目

主な地域
松前、出羽、佐渡、会津南部、信州、上野、九州、中国地方

移出された主な品目
塗物、ろうそく、びん付油類、下駄、梨、塩引、畳類、建具細工物、切昆布など

移入された主な品目
塩引、かずのこ、昆布、煙草、木材、陶器、魚油、絹、蝋　など

竹内誠 監修『江戸時代館』(小学館、2011年)「幕末期の新潟と越中港町の移出入」をもとに作成

江戸時代の港町のようす

港町には、商人や廻船問屋などの屋敷や蔵が建ちならび、多くの人が住んでいた。また、ほかの地域の文化が持ちこまれ、その土地に根づくことも多かった。

江戸時代中期の松前港

▼松前藩はアイヌ民族との交易権があたえられていたため、松前港はアイヌとの交易で得られた海産物などの売買で繁栄した。

「松前屏風」松前町教育委員会 蔵

◉町なみ
中心にあるのが藩庁の福山館。寺社や建物の位置といった町なみは、現在とあまりかわっていない。

◉商人の家
屋根瓦の建物が多いが、これは沿岸地域に商人が住み、商品を保管する土蔵があったため。

◉港町の人々
武士や商人に加えて、アイヌ民族の家族がいるほか、僧侶や着飾った女性などもえがかれている。

◉たくさんの船
沿岸には大型の商船をはじめ、さまざまな船がとまっている。船上で話をしている人も見える。

江戸時代後期の下関港

▼かつては赤間ヶ関とよばれた港で、瀬戸内海と日本海をむすぶ要地として栄えた。沖で帆をおろしている弁才船や、荷物を岸に運ぶ小船などがえがかれている。

「下関絵図」下関市立歴史博物館蔵 蔵

内陸の地域に物資を運ぶ川の水運

江戸時代には、海上交通が発展するとともに、港町から内陸部へ物資を運ぶ川の水運も重要になりました。人々が集まりにぎわった河岸のようすなどを見てみましょう。

第3章｜水上交通のようす―江戸時代の水上の物流―

◆川の水運が大きく発展

海上交通が発展するにつれて、内陸部へ物資を運ぶ手段として、川の水運もさかんに利用されるようになりました。河岸とよばれる、川沿いの荷物の積みおろしをする場所の周辺には問屋や蔵が建ちならんで商人が取り引きのために集まり、たいへんにぎわいました。

江戸の消費も、川の水運と多くの河岸によってささえられていました。

江戸時代中期に江戸周辺の水運の中心となっていたのは、利根川の河口の銚子から、関宿をへて江戸川へといたる経路です。江戸川は海に出る手前で小名木川という運河(人工の水路)へ流れ、江戸に入っていました。

多くの川船がこの経路をつかって、野田のしょうゆや利根川の河口付近でつくられる干鰯など、各地域の特産品を江戸へ運びました。そして、佐原や布川といった、河岸のある町が栄えることになりました。

川でつかわれた高瀬舟

大河や小さな運河など、川の大きさや流れの速さなどにあわせてさまざまな船がつくられた。そのなかで広くつかわれたのが高瀬舟で、川が浅くても航行できるよう平たい船底をしているのが特徴。

◀現在の千葉県国府台(江戸時代は鴻之台と書いた)を航行する大型の高瀬舟のようす。
歌川広重 画「名所江戸百景 鴻の台とね川風景」
国立国会図書館 蔵

江戸周辺の河岸

銚子と江戸をむすんだ利根川と江戸川には、多くの河岸がもうけられていた。小名木川の東端には中川船番所があり、江戸へ出入りする人や物資の把握や、通過する荷物の検査をおこなった。

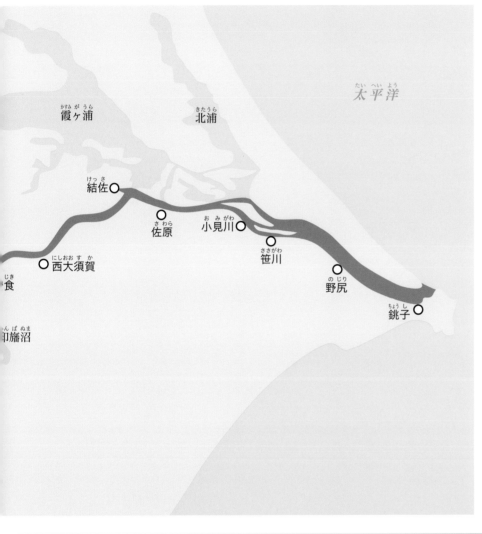

◉行徳

行徳は塩の生産地として知られ、河岸から江戸や郊外に運ばれた。

歌川広重 画「江戸近郊八景之内 行徳帰帆」国立国会図書館 蔵

◉布川

河岸が繁栄した布川は、小林一茶など文化人に親しまれた町でもあった。

赤松宗旦 画「利根川図志」国立国会図書館 蔵

◉佐原

利根川水運による年貢米の集積地として栄えた。また、醤油や酒の産地でもある。

ものしりばなし

舟でつくった橋があった!? 各地で利用された舟橋

江戸時代、幕府は大きな川に橋をかけることを禁止したともいわれます（➡P.24）。多くの人は渡し船などで川を渡りましたが、なかには「舟橋」とよばれる簡易的な橋をかけることもありました。舟橋は、多くの舟をならべて浮かべ、その上に板をおいて歩けるようにしたものです。とくに越中国（現在の富山県）の神通川にかかっていた舟橋は、60艘以上の舟がならぶ、日本一の舟橋として有名でした。

◀神通川の舟橋のよう す。富山の名所となっており、周辺には茶屋や店がならびにぎわっていた。

歌川広重 画「六十余州名所図会 越中 富山船橋」国立国会図書館 蔵

データや図表で見る江戸時代

3巻であつかった内容とかかわりの深いデータや図表を紹介しています。本編の内容も参考にしながら、それぞれのデータや図表を読み解いてみましょう。

①大坂における主な入荷品・出荷品（1714年）

三都のひとつで、「天下の台所」とよばれた商業都市の大坂には、全国から多くの商品が運びこまれ、また各地へ運びだされていった。ここでは1714年の主な入出荷品とその金額を、銀（単位：貫、→P.15）で示した。大坂に出荷する商品よりも、入荷する商品の金額のほうが高いことがわかる。

◎大坂への入荷品トップ10

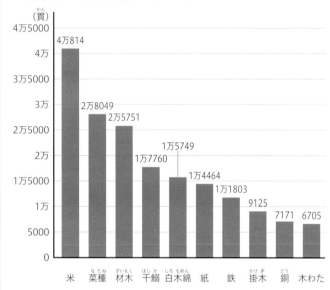

◎大坂からの出荷品トップ10

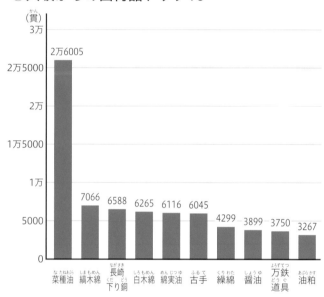

竹内誠 監修『江戸時代館』（小学館、2013年）「大坂における主要商品移出入表」をもとに作成

②五街道の旅籠数など

五街道の一宿における旅籠の数の平均値（天保期、19世紀半ばごろ）。参勤交代で街道を通った大名家の数は文政期のもの（19世紀前半）。

	参勤通行大名数（文政期）（家）	一宿における旅籠数の平均（軒）
東海道	146	55
中山道	30	27
日光道中	41	39
奥州道中	37	27
甲州道中	12	3

竹内誠 監修『江戸時代館』（小学館、2013年）「天保期の五街道」をもとに作成

③街道の整備のあゆみ

街道の整備のあゆみは、関ヶ原の戦いの翌年、東海道に伝馬制（幕府の公用文書などを、複数の人や馬でリレーしながら運ぶためのしくみ）がもうけられたことからはじまったとされる。その後、江戸時代前期の間に少しずつ、さまざまな制度や施設がととのえられていった。

年	できごと
1601	東海道で伝馬制がもうけられる。
1602	中山道で伝馬制がもうけられる。
1604	各街道で一里塚（→P.7）の整備がはじまる。
1659	五街道をはじめとする街道のとりしまりなどを担当する役職である、道中奉行がおかれる。
1680	東海道の箱根峠周辺の一部に石畳（→P.7）がしかれる。

竹内誠 監修『江戸時代館』（小学館、2013年）「五街道と宿駅」などをもとに作成

④江戸時代の京都の祭礼や行事

天皇の住む都として長い歴史をもつ京都では、伝統が重んじられ、江戸時代にもさまざまな祭りや行事がとりおこなわれていた（日づけは旧暦）。旧暦の6月7日におこなわれる祇園会（祇園祭）は、京都でもっとも大規模な催しだった。

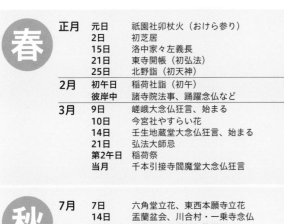

春	正月	元日	祇園社卯杖火（おけら参り）
		2日	初芝居
		15日	洛中家々左義長
		21日	東寺開帳（初弘法）
		25日	北野詣（初天神）
	2月	初午日	稲荷社詣（初午）
		彼岸中	諸寺院法事、踊躍念仏など
	3月	9日	嵯峨大念仏狂言、始まる
		10日	今宮社やすらい花
		14日	壬生地蔵堂大念仏狂言、始まる
		21日	弘法大師忌
		第2午日	稲荷祭
		当月	千本引接寺閻魔堂大念仏狂言

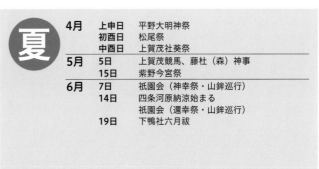

夏	4月	上申日	平野大明神祭
		初酉日	松尾祭
		中酉日	上賀茂社葵祭
	5月	5日	上賀茂競馬、藤杜（森）神事
		15日	紫野今宮祭
	6月	7日	祇園会（神幸祭・山鉾巡行）
		14日	四条河原納涼始まる
			祇園会（還幸祭・山鉾巡行）
		19日	下鴨社六月祓

秋	7月	7日	六角堂立花、東西本願寺立花
		14日	盂蘭盆会、川合村・一乗寺念仏
		15日	岩倉村・花園村灯籠躍
		16日	松崎題目躍、大文字送り火
		20日	光福寺（千菜寺）六斎念仏
		24日	洛下童児地蔵祭（地蔵盆）
	8月	15日	石清水放生会
		18日	上下御霊会
	9月	4日	北野祭
		9日	伏見御香宮祭
		12日	太秦広隆寺牛祭

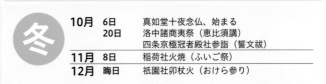

冬	10月	6日	真如堂十夜念仏、始まる
		20日	洛中諸商夷祭（恵比須講）
			四条京極冠者殿社参詣（誓文祓）
	11月	8日	稲荷社火焼（ふいご祭）
	12月	晦日	祇園社卯杖火（おけら参り）

竹内誠 監修『江戸時代館』（小学館、2013年）「主な祭礼・行事」をもとに作成

⑤草津温泉の湯治客数の移りかわり

いまも日本有数の温泉地として知られる草津温泉（群馬県）は、18世紀後期には年間1万人以上の湯治客でにぎわっていた。
1783年からの数年間、湯治客が減っているのは同じ年の7月に発生した浅間山の噴火が影響していると考えられている。

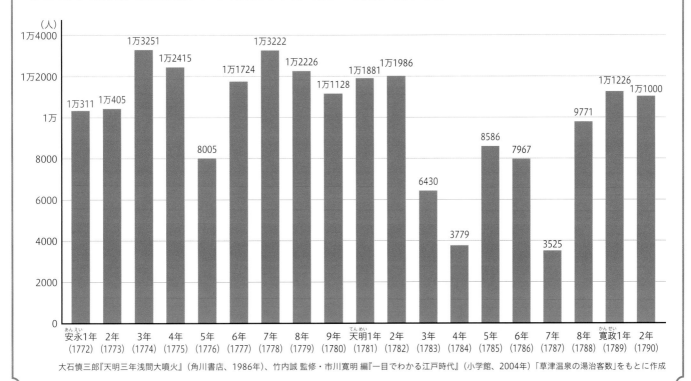

大石慎三郎『天明三年浅間大噴火』（角川書店、1986年）、竹内誠 監修・市川寛明 編『一目でわかる江戸時代』（小学館、2004年）「草津温泉の湯治客数」をもとに作成

さくいん

ここでは、この本に出てくる重要なことばを50音順にならべ、そのことばについてくわしく説明しているページをのせています。

監修：小酒井大悟

1977年、新潟県生まれ。2008年、一橋
大学大学院社会学研究科博士後期課程修
了。博士（社会学）。2022年3月現在、東
京都江戸東京博物館学芸員。専門は日本
近世史。著書に『近世前期の土豪と地域
社会』（清文堂出版、2018年）がある。

◆装丁・本文デザイン・DTP
五十嵐直樹・吉川層通・安田美津子
（株式会社ダイアートプランニング）
Studio Porto
有限会社ザップ

◆指導
由井薗健（筑波大学附属小学校）
関谷文宏（筑波大学附属中学校）

◆イラスト
サッサ
中西立太（P.23）
佐藤真理子

◆図版
坂川由美香（AD・CHIAKI）

◆編集協力
鈴木愛

◆校正
有限会社一梓堂

◆編集・制作
株式会社童夢

取材協力・写真提供

一般財団法人 箱根町観光協会／大阪観光局／加賀市北前船の里資料館／加賀市産業振興部文化振興課（文化推進グ
ループ）／京都国立博物館／公益財団法人 名古屋観光コンベンションビューロー／公益社団法人 びわこビジターズ
ビューロー／公益社団法人 福井県観光連盟／国立公文書館／国立歴史民俗博物館／島根県政策企画局広聴広報課
／下関市立歴史博物館／するが企画観光局／石州瓦工業組合／東京国立博物館／砺波市教育委員会／日本銀行貨幣
博物館／箱根町役場企画観光部観光課／箱根町立郷土資料館／平塚市博物館／北海道観光振興機構／北方文化博物
館／松前町教育委員会／三重県総合博物館／みくに龍翔館／郵政博物館

写真協力

株式会社フォトライブラリー／国立国会図書館デジタルコレクション／にしのみやオープンデータサイト／ピクス
タ株式会社／ACワークス株式会社／Bibliothèque Nationale de France／The Metropolitan Museum of Art

江戸時代大百科
③
大百科

江戸時代の交通

あそびをもっと、
まなびをもっと。

こどもっとラボ

発行	2022年4月　第1刷
監修	小酒井大悟
発行者	千葉 均
編集者	崎山貴弘
発行所	株式会社ポプラ社
	〒102-8519　東京都千代田区麹町4-2-6
	ホームページ　www.poplar.co.jp（ポプラ社）
	kodomottolab.poplar.co.jp（こどもっとラボ）
印刷・製本	大日本印刷株式会社

©POPLAR Publishing Co.,Ltd. 2022
ISBN 978-4-591-17285-8 ／ N.D.C. 210 ／ 47p ／ 29cm Printed in Japan

江戸時代大百科

全6巻

セットN.D.C.210

監修：東京都江戸東京博物館 学芸員　小酒井大悟

◆社会科で学習する江戸幕府の支配体制や江戸時代の人々のくらし、文化などの内容に対応しています。

◆伝統工芸や伝統芸能など、江戸時代とかかわりの深い伝統的な文化についても知ることができます。

◆交通や産業、文化など、1巻ごとにテーマをもうけているため、興味のある内容をすぐに調べることができます。

◆多くの図表やグラフ、当時えがかれた錦絵などを活用し、具体的な数字やイメージをもとに解説しています。

小学校高学年から　Ａ４変型判／各47ページ
図書館用特別堅牢製本図書

江戸時代のおもなできごと

この年表では、江戸時代におこったおもなできごとを紹介します。★は文化にかかわるできごとです。

将軍	年	おもなできごと
家康	1600	●オランダ船リーフデ号、豊後に漂着。乗組員だったイギリス人ウィリアム・アダムズとオランダ人ヤン・ヨーステンが家康に面会。 ●関ヶ原の戦いで徳川家康ひきいる東軍が西軍をやぶる。
	1603	●徳川家康が征夷大将軍となり、江戸幕府を開く。 ★出雲阿国が京都でかぶき踊りをはじめる。
	1604	●幕府が糸割符制度を定める。
秀忠	1605	●家康が征夷大将軍を辞任し、徳川秀忠が2代将軍になる。
	1607	●朝鮮の使節が日本を訪れる。 ●角倉了以が富士川の水路を開く。
	1609	●薩摩藩の島津家が琉球王国を征服。 ●対馬藩の宗家が朝鮮と己酉約条をむすぶ。 ●オランダが平戸に商館を設置。
	1610	●家康がメキシコへ使節を派遣する。
	1612	●幕府が直轄領にキリスト教を禁止する禁教令を出す。
	1613	●仙台藩の藩主・伊達政宗が慶長遣欧使節をヨーロッパに派遣。 ●幕府が全国に禁教令を出す。
	1614	●大坂冬の陣。
	1615	●家康が大坂夏の陣で豊臣家をほろぼす。 ●幕府が一国一城令を定める。 ●幕府が武家諸法度と禁中並公家諸法度を定める。
	1616	●家康死去。 ●幕府がヨーロッパの商船の来航を平戸と長崎に限定する。
	1617	★日光東照宮造営。
家光	1624	●幕府がスペイン船の来航を禁止。
	1629	●紫衣事件がおこる。
	1631	●幕府が奉書をもつ船以外の海外渡航を禁止する。
	1635	●幕府が外国船の入港を長崎に限定し、日本人の海外渡航・帰国を禁止する。 ●幕府が武家諸法度を改訂し、参勤交代の制度を確立させる。
	1636	●長崎に出島が完成。
	1637	●島原・天草一揆がおこる(～1638)。
	1639	●幕府がポルトガル人の来航を禁止。
	1641	●幕府がオランダ商館を平戸から長崎の出島に移転させる。
	1643	●幕府が田畑永代売買禁止令を出す。
家綱	1651	●幕府が末期養子の禁を緩和。
	1657	●江戸で明暦の大火がおこる。 ★徳川光圀が『大日本史』の編さんに着手。
	1669	●蝦夷地でシャクシャインの戦いがおこる。
	1671	●河村瑞賢が東廻り航路を開く。
	1673	●三井高利が江戸で呉服店、三井越後屋を開業。
綱吉	1684	★渋川春海が天文方に任命される。
	1685	●徳川綱吉が最初の生類憐みの令を出す。
	1688	★井原西鶴『日本永代蔵』刊行。
	1689	★松尾芭蕉が『おくのほそ道』の旅に出発。
	1694	●江戸で十組問屋が成立。
	1695	●荻原重秀の意見により金銀貨幣を改鋳。
	1697	●宮崎安貞『農業全書』刊行。
	1702	●赤穂事件がおこる。
	1703	★近松門左衛門『曽根崎心中』初演。
家宣	1709	●綱吉死去。徳川家宣が6代将軍となり、間部詮房と新井白石が登用される(正徳の治)。生類憐みの令を廃止。 ★貝原益軒『大和本草』刊行。
家継	1715	●幕府が海舶互市新令(長崎新令)を定める。
吉宗	1716	●徳川吉宗が8代将軍となり、享保の改革がはじまる。
	1720	●江戸に町火消「いろは47組(のち48組)」設置。
	1721	●幕府が目安箱を設置。 ●幕府が小石川薬園を設置。
	1722	●幕府が上米の制を定める。 ●幕府が小石川薬園内に養生所を設置。
	1723	●幕府が足高の制を定める。
	1732	●享保の飢饉がおこる。
	1742	●公事方御定書が完成。
家重	1758	●宝暦事件がおこる。
家治	1767	●田沼意次が側用人となる。 ●米沢藩の藩主・上杉治憲(鷹山)が藩政改革をはじめる。
	1774	★杉田玄白・前野良沢ら『解体新書』刊行。
	1776	●上田秋成『雨月物語』刊行。
	1779	★塙保己一『群書類従』の編さんに着手。